KB024097

베이컨의 신기관

EBS 오늘 읽는 클래식

베이컨의 신기관
근대를 위한 새로운 생각의 틀

한국철학사상연구회 기획 | 손철성 지음

서문

1620년에 출판된 『신기관』의 표지에는 거친 파도가 치는 드넓은 바다를 항해하는 배가 그려져 있다. 콜럼버스가 배를 타고 신대륙을 발견하기 위해 출항했던 것처럼 우리는 학문과 과학이라는 배를 타고 새로운 기술과 지식을 발견하기 위해 자연이라는 바다를 향해 나아가야 한다는 것이다.

프랜시스 베이컨은 이를 위해 가장 필요한 것이 바로 용기와 도전 정신이라고 말했다. 물론 신대륙의 발견이 유럽인들에게는 새로운 땅의 발견이었지만 그곳에는 이미 원주민들이 살고 있었기 때문에 그들에게는 새로운 것이 아니었다. 르네상스와 지리상의 발견을 거치면서 활기가 넘친 시대에 살았던 베이컨의 이러한 생각에는 그 당시 유럽인들의 사고가 반영되어 있다. 거기에는 서구 중심적 사고와 더불어 인간의 이성과 과학기술의 발전을 중시하는 근대의 사고가 자리를 잡고 있다.

베이컨은 데카르트와 더불어 근대의 철학적 기반을 다진 사상가로 널리 알려져 있다. 어떻게 보면 우리가 사는 현대는 근대의 연장이라는 점에서 베이컨은 멀리 떨어져 있는 사람이 아니라 바로 우리 곁에 있는 사람이라고 할 수 있다. '베이컨'이라는 이름은 낯설지 않을 것이다. 그리고 설사 그의 이름을 처음 들어보았다고 해도 우리는 이미 그의 주장이나 사상에 대해서는 어느 정도 안다.

'아는 것이 힘이다'라는 말을 처음 들어보지는 않았을 것이다. 또한 '우상론'이나 '귀납법', '경험론'에 대해서도 어디에선가는 들어본 적이 있을 것이다. 바로 그러한 말을 남기거나 그러한 이론을 체계화한 사람이 베이컨이다. 그리고 그의 사상을 잘 보여주는 대표 저작이 『신기관』이다. 이제 그를 만나기 위해 함께 배를 타고 근대의 바다로 나아가보자. 저기 멀리서, 아니 아주 가까이에서 그가 우리를 기다리고 있다.

2021년 겨울
손철성

차례

3장 철학의 이정표

일러두기

1. 베이컨의 『신기관』은 1620년에 라틴어로 출판되었는데, 여기서는 다음 영어 번역본을 활용해 원문을 인용했다. Francis Bacon, *Novum Organum*, translated and edited by P. Urbach and J. Gibson, Open Court, 1995.
2. 영어 번역본에서 직접 인용한 부분을 밝히기 위해 괄호 속에 해당하는 장을 표시해두었다.

1장

근대의 기획자 프랜시스 베이컨

근대적 생각의 틀을 만든 사람은 누구일까

우리는 과학기술의 시대, 물질적 풍요의 시대라고 할 수 있는 '현대'에 살고 있다. 물론 아직도 과학기술의 혜택을 받지 못하고 물질적으로도 궁핍한 수많은 사람이 지구촌 곳곳에 존재하고 있어서 과연 우리 모두가 그러한 현대에 살고 있는지는 논란거리가 될 수 있다. 그럼에도 현대사회의 중요한 특징을 과학기술의 발전과 물질적 풍요에서 찾는 데는 별로 이의가 없을 것이다.

그렇다면 그러한 현대는 누가 만들었을까? 헨리 포드(Henry Ford, 1863~1947)는 말년에 어떤 소년과 학교 교육을 둘러싸고 논쟁을 벌이다 그 소년이 자신에게 고리타분한 생각을 갖고 있다고 하면서 지금은 '현대'라고 비판하자, 이에 응수해 그 현대를 만든 것이 바로 자신이라고 말했다. 현대를 만든 것이 자신이라는 포드의 주장은 크게 틀리지 않다. 그는 미국의 포드 자동차 회사를 만든 사람으로 과학기술의 활용, 컨베이어 벨트 시스템의 도입, 부품의 표준화, 작업의 세분화 등을 통해 20세기 대량 생산과 대량 소비를 가능하게 해주었다.

그러한 현대는 그 이전에 '근대'가 있었기 때문에 가능했다. 현대는 근대를 기반으로 형성되었다. 우리에게 물질적 풍요를 가져다준 20세기의 과학기술 혁명은 17세기의 과학 혁명에 그 뿌리를 둔다. 현대와 근대를 시기적으로 구분할 수도 있지만 현대는 근본적으로 근대의 연장이라고 보아야 한다. 우리는 근대사회를 전통사회나 봉건사회와 같은 전근대사회와 구분하는데, 서양에서는 대략 16세기나 17세기를, 한국은 19세기 말이나 20세기 초를 그러한 구분의 기점으로 삼는다.

근대사회와 전근대사회를 구분하는 기준이나 특징은 무엇일까? 사회학을 학문으로 체계화한 막스 베버(Max Weber, 1864~1920)는 근대화(modernization)를 합리화(rationalization)의 과정이라고 규정하면서 근대사회의 특징을 합리성의 증진에서 찾는다. 그에 따르면 지성의 합리화 과정을 잘 보여주는 것은

학문의 진보이다. 근대의 과학이나 과학기술의 발전은 기술적 수단과 계산을 통해 자연을 인식하고 지배하며 통제할 힘을 증진시켜주었다. 전근대사회는 주술이나 미신과 같은 비합리적 요소가 지배했다면 근대사회는 탈(脫)주술화를 통해 인간의 이성과 합리성이 지배한다.

근대사회에서 이러한 합리화는 정치, 경제, 사회, 문화 등 여러 분야에서 다양한 방식으로 이루어진다. 그런데 베버가 지

근대와 합리성

베버(Max Weber)는 인간의 사회적 행위를 네 가지로 구분한다. '전통적 행위'는 습관이나 관행에 따라 행위하는 것이다. '감성적 행위'는 일시적인 감성이나 감정에 따라 행위하는 것이다. '가치 합리적 행위'는 행위의 결과를 고려하지 않고 어떤 가치에 대한 믿음에 따라 행위하는 것이다. '목적 합리적 행위'는 어떤 목적을 달성하기 위한 효율적인 수단을 계산해 행위하는 것이다. 베버는 근대사회에서는 그중에서 '목적 합리적 행위'가 주도적 위치를 차지하며, 그와 관련해 수단을 합리적으로 계산해 실제에 적용하는 '목적 수단적 합리성'이 중시된다고 말한다.

적하듯이 합리화의 증진은 단지 우리가 자연이나 사회에 대해 더 많은 지식을 얻게 된 것을 의미하지는 않는다. 근대사회의 특징인 합리화란 비합리적 요소를 제거하고 기술적 수단과 계산을 바탕으로 효율적으로 일을 처리하는 사고방식이나 태도를 의미한다. 베버는 이러한 형태의 합리성을 '목적 합리성' 또는 '목적 수단적 합리성'이라고 불렀다.

이처럼 근대사회는 근본적 사고방식의 전환을 통해 형성되었다. 전근대적인 비합리적 사고방식을 타파하고 합리성과 효율성을 중시하는 새로운 사고방식이 자리를 잡으면서 근대가 탄생한 것이다. 그렇다면 이러한 근대를 만든 사람은 누구일까? 역사는 한 사람이나 소수의 사람에 의해 만들어지는 것이 아니라 수많은 사람의 피와 땀에 의해 만들어지기 때문에 모든 사람이 역사의 주인공일 것이다. 그래도 근대를 만드는 데, 근대적이고 새로운 사고의 틀을 만들고 체계화하는 데 크게 기여한 인물이 있다면 그 사람은 누구일까?

철학사에서는 근대 철학 사상의 문을 활짝 열어젖힌 인물로 두 사람을 꼽는다. 바로 프랜시스 베이컨(Francis Bacon, 1561~1626)과 르네 데카르트(René Descartes, 1596~1650)이다. 철학사에서는 시대에 따라 철학을 고대 철학, 중세 철학, 근대 철학, 현대 철학으로 구분하는데, 근대 철학을 소개하는 첫 부분에 등장하는 인물이 베이컨과 데카르트이다. 근대 철학은 크게 두 학파, 즉 경험론과 이성론으로 나눌 수 있는데 베이컨은 영국 경험론, 데카르트는 대륙 이성론의 기초를 닦는 데 기여했다. 그렇다면 베이컨과 데카르트가 어떤 철학적 주장을 펼쳤기에, 어떤 새로운 사고의 틀을 제시했기에 근대를 열어젖힌 사상가로 불릴까? 여기서는 베이컨의 『신기관』을 중심으로 그의 근대적이고 새로운 사고의 틀이 무엇인지 살펴보겠다.

베이컨, 근대를 위해 『신기관』을 쓰다

베이컨은 정치가, 철학자, 과학자이다

사상가 프랜시스 베이컨은 영국 출신의 정치가이자 철학자이며 과학자이다. 베이컨은 다재다능한 인물이어서 다양한 분야에서 많은 활동을 했다. 그는 하원의원, 법무장관, 대법관 등을 두루 거치면서 적극적으로 정치 활동에 참여했다. 그는 올바른 지식을 얻기 위해서는 감각적 경험과 귀납법이 중요하다고 주장함으로써 근대 경험론의 기초를 다졌다. 또한 자연 탐구에서 관찰과 실험의 역할을 중시하는 근대의 실험과학 정신

을 확산시켰으며, 학문의 실제성과 효용성을 내세우는 근대적
인 실용적 학문관의 기틀을 마련했다.

베이컨은 1561년 1월 22일 런던에서 태어났다. 그의 아버
지 니콜라스 베이컨(Nicholas Bacon)은 그 당시 대법관이라는 높
은 관직에 있었으며, 그의 어머니 앤 쿠크(Anne Cooke)도 권력가
집안 출신으로 고전과 외국어에 대한 폭넓은 지식을 갖고 있
었다. 이런 유복한 집안 배경 덕분에 베이컨은 어려서부터 고
급 교육을 받으면서 화려한 정치적 경력을 쌓을 수 있었다. 베
이컨은 열두 살에 영국의 명문 케임브리지대학에 입학했다. 그

당시에는 요즘과는 다르게 열 살쯤에 대학에 입학해서 8년 정도 교육을 받는 것이 일반적이었다.

그는 대학에서 필수 과목이던 아리스토텔레스(Aristoteles, 기원전 384~322)의 철학을 접하고 크게 실망했다. 아리스토텔레스의 철학이 인간의 실제적 삶에 별로 도움이 되지 않는다고 생각했기 때문이다. 이러한 생각은 나중에 그가 아리스토텔레스의 철학을 비판하는 『신기관』이라는 책을 쓰는 계기가 되었다. 그는 2년 만에 대학을 중퇴하고 정치적 경험을 쌓기 위해 프랑스에 있는 영국 대사의 수행원이 되었다. 프랑스에 머물면서 그는 실험과 관찰, 실용적 학문의 중요성에 눈을 뜨기 시작했는데, 이러한 경험은 나중에 그가 근대의 실용적 학문관을 세우는 밑거름이 되었다.

뇌물 수수 혐의로 유죄 판결을 받다

1579년 아버지가 갑자기 사망하자 베이컨은 영국으로 귀국했다. 그런데 아버지로부터 상속을 거의 받지 못하자 생계를 유지하기 위해 법학원에 들어가 변호사 자격을 취득했다. 이후 친척의 도움으로 20세라는 젊은 나이에 하원의원이 되어 왕성하게 의회 활동을 했는데, 엘리자베스 여왕의 종교 정책을 비판해 여왕으로부터 미움을 받기도 했다.

베이컨은 친척인 에식스 백작으로부터 정치적, 경제적으로 많은 도움을 받으며 자랐는데 1601년 에식스 백작이 반역죄로 체포되는 사건이 발생했다. 그런데 에식스 백작이 재판을 받을 때 베이컨은 왕실의 변호사가 되어 그에게 불리한 증언을 했으며 이로 인해 그는 결국 처형을 당했다. 이 사건을 계기로 베이컨은 여왕의 총애를 얻어 출세의 길을 걷게 되었다. 이 일을 두고 사람들은 베이컨이 출세에 눈이 멀어 은인을 배반했다고 비난하기도 했다.

1603년 제임스 1세가 왕이 되자 베이컨은 아주 빨리 승진했다. 그는 왕실의 이익을 옹호하는 왕당파가 되어 의회파를 견제함으로써 왕의 신임을 얻었다. 그래서 법무차관과 법무장관을 거쳐 1618년에 최고 관직인 대법관이 되었다. 1621년 왕당파와 의회파의 갈등이 심화되면서 베이컨은 뇌물 수수 혐의로 고소를 당했다. 베이컨이 대법관으로 재직하면서 재판에 관련된 사람들로부터 뇌물을 받았다는 것이다. 그는 스물여덟 가지 죄목으로 고소를 당했는데 재판 과정에서 그러한 죄를 모두 시인했다. 베이컨은 그 당시에 재판관들이 선물을 받는 것은 관행이었으며, 그러한 선물이 판결에 전혀 영향을 끼치지

궁전이자 감옥으로 사용된 런던탑.

않았다고 자신을 변론했다. 또한 베이컨은 자신의 아버지인 니콜라스 베이컨 이래로 대법관이 다섯 번이나 바뀌었는데 그들 중에서 자신이 가장 공정한 대법관이었다고 주장했다. 이러한 주장에도 불구하고 베이컨은 결국 유죄 판결을 받았다.

하지만 베이컨은 이러한 판결을 부정하지 않았고, 그것이 최근 200년 동안 의회가 내린 판결 중에서 가장 공정한 것이었다고 말했다. 이 사건으로 베이컨은 대법관의 자리에서 쫓겨났으며 런던탑 감옥에 갇히는 처벌을 받았다. 정말로 베이컨은 불법 행위를 저질렀을까? 아니면 그의 주장처럼 당시 관행을 따랐을 뿐인데 억울하게 정치적 희생물이 된 것일까?

이 사건과 관련해 어떤 사람들은 다음과 같은 주장을 펼치기도 한다. '베이컨은 뇌물 수수 혐의로 유죄 판결을 받았기 때문에 그의 철학은 틀렸다'는 것이다. 이 주장은 타당할까? 물론 이 주장은 부당하다. 이것은 '인신공격의 오류'를 범하기 때문이다. 어떤 사람의 주장을 비판할 때는 그 주장의 문제점을 지적해 비판해야 하는데, 그러지 않고 그 사람의 행동이나 출신 배경 등을 문제 삼아 그 주장을 공격하는 것은 옳지 않다. 예를 들어 "너의 아버지는 깡패니까 너의 말은 믿을 수 없다"고 한다면 이것은 옳은 주장이 아니다. 마찬가지로 베이컨이 뇌물 수수 혐의로 유죄 판결을 받았다고 할지라도 그것을 근거로 베이컨의 철학이 틀렸다고 하는 것은 옳지 않다. 만약 베이컨의 철학이 틀렸다고 주장하려면 그의 철학이 어떤 문제가 있는지 구체적으로 지적하며 비판해야 한다. 그래야 인신공격의 오류를 범하지 않는다.

실험과학의 첫 순교자가 되다

모든 관직에서 물러난 베이컨은 집에 머물면서 저술과 연구 활동에 전념해 많은 성과를 낳았다. 그는 우연적인 발견을 통해 지식을 얻을 수도 있지만 이보다는 체계적 실험을 통해 지식을 얻는 것이 더 효과적이라고 보았다. 특히 기계나 도구를 이용한 계획적 실험은 자연의 비밀을 훨씬 더 잘 드러내준다고 생각했다. 그래서 베이컨은 자연에 대한 참된 지식을 얻기 위해 수많은 실험을 했다. 『신기관』을 비롯한 그의 저술들에는 구체적인 실험 내용이 많이 설명되어 있다.

베이컨은 그 당시에 새로 발명된 현미경을 이용해 물체의 미세한 구조와 운동을 볼 수 있게 된 것에 매우 놀랐다. 현미경을 통해 벼룩이나 좀벌레와 같은 작은 동물의 모습을 자세하게 관찰했으며, 펜이나 연필로 그려놓은 직선도 현미경으로 보면 똑바르지 않고 구불구불하다는 사실도 알아냈다. 그리고 성능이 아주 뛰어난 현미경이 개발되면 원자까지도 관찰할 수 있을 것이기 때문에 원자론을 주장했던 고대 그리스의 데모크리토스(Democritos, 기원전 460?~360?)가 이 현미경을 본다면 매우 기뻐할 것이라고 말했다.

베이컨은 또한 물체들의 팽창 비율을 알기 위해 여러 가지 실험을 했다. 알코올의 팽창 비율 실험도 그중 한 사례이다. 그는 작은 유리관에 일정한 양의 액체 알코올을 넣은 다음 다른 쪽 끝 부분에 공기를 뺀 주머니를 만들어 달았다. 그런 다음에 알코올을 가열해 기체 상태로 만들고 그것을 주머니에 모은 뒤에 그 부피를 측정했다. 그래서 알코올이 액체 상태에서 기체 상태로 바뀔 때 부피가 약 100배 정도 팽창한다는 사실을 알아냈다.

1626년 3월 베이컨은 독감 치료를 받기 위해 런던 시내에 갔다가 자신의 집으로 되돌아오는 길에 새로운 실험을 했다. 그것은 닭고기가 부패하는 것을 방지하기 위한 냉동 실험이었다. 베이컨은 집에서 멀리 떨어진 오두막에서 닭 한 마리를 잡아 눈으로 덮어두었다. 추운 날씨에도 불구하고 베이컨은 다시 마차를 타고 나가서 실험 결과를 확인하려고 했다. 그러다 찬 바람에 독감이 재발했다. 그는 친한 사람의 집에 누워서 병이 낫기를 기다렸지만 결국 1626년 4월에 숨을 거두었다. 그래서 베이컨에게 '실험과학의 첫 순교자'라는 명칭이 붙게 되었다.

학문의 대혁신을 추구하다

베이컨은 정치가이자 법률가로 바쁘게 활동하면서 학문 연구도 열심히 했다. 그는 자연을 관리하고 활용해 인류의 복지를 증진시키기 위해서는 학문을 개혁할 필요가 있다고 생각했

디오스코로 푸에블라의 〈콜럼버스의 날〉(1862).

다. 기존의 학문, 특히 그 당시에 널리 퍼져 있던 아리스토텔
레스의 철학이 새로운 발견과 실제 생활에 별로 도움이 되지
않고 오히려 우리를 잘못된 길로 인도해 거짓 지식을 낳는다
고 보았기 때문이었다. 그래서 베이컨은 학문의 진보를 위해
서는 새로운 학문을 정립할 필요가 있다고 생각해 학문의 '대
혁신(Great Instauration)' 계획을 수립했다. 이것은 상당히 방대한
계획으로 모두 여섯 부분으로 구성되어 있었다. 그러나 베이컨

은 그중에서 단지 일부분만을 완성했으며 나머지는 미완성인
채로 남겨졌다. 베이컨의 주요 저서인 『학문의 진보』(1605)와
『신기관』(1620)은 바로 이러한 계획의 일부분이었다.

　베이컨이 살았던 시대는 유럽에서 근대가 뿌리내리는 시기
였다. 14세기 이탈리아에서 시작된 르네상스는 유럽 전역으로
확산되어 휴머니즘의 풍토를 조성했다. 또한 15세기부터는 지
리상의 발견을 통해 아메리카 대륙 등이 알려지면서 유럽인들
은 더 넓은 세계관을 갖게 되었다. 16세기에 활발하게 이루어
진 종교개혁은 교회의 힘을 약화시키고 개인에 더 많은 자유
를 가져다주었다. 16, 17세기에 활동했던 니콜라우스 코페르
니쿠스(Nicolaus Copernicus, 1473~1543), 요하네스 케플러(Johannes
Kepler, 1571~1630), 갈릴레오 갈릴레이(Galileo Galilei, 1564~1642)
와 같은 과학자들은 기존의 천동설을 비판하고 지동설을 주장
해 새로운 세계관의 토대를 확립했다. 중세가 무너지고 새로
운 근대사회가 형성되는 격동의 시대에 베이컨은 학문에서도
이러한 시대적 흐름에 부응하는 커다란 변화가 필요하다고 생
각했다. 그래서 학문의 진보를 위한 '대혁신' 계획을 세웠던 것
이다. 베이컨은 실험과 도전 정신으로 충만한 근대적 사고 방
식이 신대륙 발견을 가능하게 했듯이 학문 분야에서도 새로운
기술과 지식의 발견을 가능하게 해줄 것이라고 생각했다.

베이컨은 『학문의 진보』에서 정치의 최고 목표는 국가의 장래를 생각해 실제 생활에 도움을 줄 지식을 세상에 널리 확산시키는 것이라고 주장했다. 국가가 학문의 진보를 위해 적극적으로 나서야 한다는 것이다. 국가의 지원을 받는 전문 연구자들이 공동으로 자연과 사회를 탐구해 이 세상에 있는 모든 지식들을 체계적으로 정리해야 한다는 것이다. 그렇지만 이러한 웅대한 목표는 그의 간절한 소망에도 불구하고 국가의 호응을 받지 못해 실현되지 못했다.

베이컨은 1617년경에 쓴 『새로운 아틀란티스』에서 이러한 목표가 실현된 이상 사회를 구체적으로 묘사했다. 그 책보다 100여 년 전에 저술된 토머스 모어(Thomas More, 1477~1535)의 『유토피아』(1516)는 성실한 노동을 통해 절제된 욕망을 충족시키는 자유로운 사회를 이상 사회로 간주한다. 이에 비해 베이컨은 높은 수준의 과학기술을 활용해 인간의 물질적 욕망을 최대한으로 충족시키는 사회를 이상 사회로 간주한다. 이처럼 베이컨은 과학기술과 같은 실용적 학문이 인류의 삶을 크게 개선시킬 수 있다고 보았기 때문에 학문의 혁신과 지식의 축적에 많은 관심을 기울였던 것이다.

『신기관』은 '새로운 논리학'이다

베이컨은 학문의 대혁신을 위해 1620년에『신기관』이라는 책을 썼다. 그렇다면 우리에게 조금 낯선 용어인 '신기관'이란 무엇일까? 이것은 라틴어로는 Novum Organum, 영어로는 New Organ으로 '새로운 기관', '새로운 도구', '새로운 논리학'이라는 뜻을 지닌다. 기관이란 화력, 수력 등의 힘을 기계적 힘으로 바꾸는 도구나 장치를 말한다. 기계의 기관이 기계에 힘을 불어넣어 운동을 촉진시키듯이 논리학도 인간의 정신에 힘을 불어넣어 사고를 촉진시키는 역할을 하기 때문에 거기에 기관이라는 이름을 붙인 것이다. 그렇다면 베이컨은 왜 '기관'이 아니라 '신기관', 즉 '새로운 기관'이라고 했을까? 그는 수천 년 동안 커다란 영향을 미쳤던 아리스토텔레스의『기관』, 즉『논리학』을 비판하기 위해서 그런 제목을 붙였다. 연역법이 주축을 이루는 아리스토텔레스의 논리학은 새로운 지식을 가져다주지 않으며 학문의 진보에도 장애물이 되기 때문에 '낡은 기관'이라는 것이다. 그래서 베이컨은 이에 대한 대안으로 귀납법이 주축이 된 '새로운 논리학'을 만들게 되는데 이것이 바로『신기관』, 즉『신논리학』이다. 이 책은『학문의 진보』와 더불어 그의 핵심 사상을 담은 가장 중요한 저작이다.

『신기관』의 구성과 내용

　『신기관』은 두 권으로 구성되어 있다. 제1권은 실용적 학문관, 우상론, 귀납법 등에 대해 설명하는 130개의 짧은 장들로 이루어져 있으며, 제2권은 귀납법을 구체적 사례에 적용해 설명하는 52개의 짧은 장들로 이루어져 있다.

　제1권에서 베이컨은 "아는 것이 힘이다"라고 말하면서 근대의 '실용적 학문관'을 주장한다. 그에 따르면 우리가 학문을 탐구하는 이유는 자연의 원리나 법칙을 발견해 자연을 효과적으로 지배할 힘을 길러 인류의 복지 증진에 이바지하기 위한 것이다. 그런데 우리에게는 학문의 진보를 가로막는 장애물이 있는데, 하나는 '우상'이고 다른 하나는 '연역법'이다. 우상이란 자연에 대한 객관적 인식을 가로막는 편견이나 선입견을 가리킨다. 이러한 우상에는 종족의 우상, 동굴의 우상, 시장의 우상, 극장의 우상이 있다. 따라서 자연을 객관적으로 인식하기 위해서는 이러한 우상을 먼저 타파해야 한다는 것이다. 또한 아리스토텔레스의 연역법도 자연에 대한 새로운 지식을 가져다주지 않고 오히려 오류와 편견을 심화시키기 때문에 버려야 한다는 것이다.

　베이컨은 자연의 원리나 법칙을 발견하기 위해서는 새로

운 탐구 방법인 '귀납법'을 사용해야 한다고 주장한다. 귀납법에서는 우선 실험과 관찰을 통해 객관적 자료나 사례를 다양하게 모으는 것이 중요하다. 이때 긍정적 사례뿐만 아니라 부정적 사례도 적극적으로 수집해야 한다. 그리고 이렇게 수집한 자료나 사례를 체계적으로 정리해야 한다. 그런 다음에 적절한 제거와 배제 등의 방법을 사용해 참된 귀납 추론을 해야 한다. 이때 유의할 점은 성급한 일반화의 오류를 범하지 않고 점진적으로 귀납 추론을 하는 것이다. 낮은 수준의 공리나 원리를 도출한 다음에, 중간 수준의 공리를 도출하고, 최종적으로 가장 일반적 공리를 도출해야 한다. 베이컨은 특히 중간 수준의 공리가 중요하다고 말한다. 이것은 자연을 탐구하거나 개발할 때 실질적 도움을 주기 때문이라는 것이다. 이렇게 귀납법을 통해 도출된 공리에서 다시 구체적 사례를 이끌어내 실험해봄으로써 그 공리가 옳은지 그른지 검증하는 절차를 거치면 된다.

제2권에서 베이컨은 귀납법을 구체적 사례에 적용해 '열의 본성'을 탐구한다. 그런데 그 시대에는 아직 자연과학이 본격적으로 발전하지 않았기 때문에 그가 설명하는 여러 과학적 내용이나 개념에는 부정확하거나 낯선 것이 꽤 있다.

베이컨은 자연을 해석해 열의 원리나 공리를 이끌어내기

위해서는 다음과 같은 단계를 밟아야 한다고 주장한다. 우선 실험과 관찰을 통해 얻은 불에 대한 다양한 경험적 사례들을 존재표, 부재표, 정도표 등을 사용해 체계적으로 수집하고 정리한다. 그리고 이를 바탕으로 열의 본성에서 제거해야 할 배제표를 만든다. 이러한 사항들을 고려하면서 귀납 추론을 통해 열의 본성을 적극적으로 설명한다. 이러한 단계를 거쳐 도출된 열의 본성은 열의 운동 법칙을 설명해주는 것으로서 열의 원리나 공리가 된다.

베이컨의 기획에 대해 묻다

베이컨, 근대를 기획하다

"사상은 시대의 아들이다"라는 말이 있듯이 사상이나 철학은 아무것도 없는 진공 상태에서 탄생하는 것이 아니라 사회적·역사적 배경을 바탕으로 형성된다. 베이컨의 사상도 마찬가지다. 베이컨이 살았던 시대는 유럽 사회가 르네상스를 거쳐 근대로 접어들기 시작하던 때였다. 중세의 억압적인 사회로부터 해방되면서 인간의 이성과 능력에 대한 신뢰가 고조되고 사회 발전과 역사 진보에 대한 믿음이 강화되던 때였다.

이러한 시대적 상황을 배경으로 베이컨은 낡은 사고를 깨뜨리고 새로운 사회를 건설하기 위한 새로운 사고의 틀을 마련하기 위해 열정을 쏟았다. 그는 새로운 근대사회를 만들기 위한 거대한 계획을 세웠다. 그것은 기존의 학문을 대혁신해 새로운 학문 체계를 세우고, 국가의 지원을 받아 대규모의 집단적 연구를 수행하며, 관찰과 실험을 통해 실제적인 참된 지식을 축적하고, 그러한 지식을 활용해 자연을 관리하고 통제하는 힘을 키워서 물질적으로 풍요로운 사회를 만드는 것이었다. 이러한 도전적이고 실험적인 그의 계획을 후세 사람들은 '베이컨의 기획(Bacon's Project)'이라고 부른다.

새로운 근대를 열기 위한 혁신적인 거대한 구상이었던 이러한 '베이컨의 기획'을 우리는 어떻게 보아야 할까? 그 기획은 현대를 사는 우리에게는 너무 친숙해서 그것을 당연한 것으로 받아들일지도 모른다. 그 기획이 우리 뇌리에 깊이 각인되어 있어서 이에 대해 반추할 필요성을 느끼지 못할 수도 있다. 하지만 우리는 그 기획이 어떤 의미를 담는지 성찰해보아야 한다. 현재 우리가 어떠한 삶을 사는지를 넓은 시각으로 보기 위해서는 근대 이래로 우리 삶에 커다란 영향을 미치는 그 기획에 대해 근본적인 질문을 던지고 그 의미를 따져보아야 한다.

학문을 탐구하는 목적은 무엇일까

베이컨은 실용적인 지식을 얻기 위해 학문을 탐구해야 한다고 보았다. 학문이 가치를 지니기 위해서는 그것이 궁극적으로 실제 생활에 도움이 되어야 한다는 것이다. 그는 과거의 많은 학문들이 실제 생활과 동떨어진 문제를 다루면서 탁상공론에 그치는 경우가 많았다고 보았다. 그래서 그는 우리 삶을 실질적으로 개선하고 물질적 이득도 가져다줄 실용적인 학문을 제안했다. 그가 『새로운 아틀란티스』에서 추구하는 것처럼 과학기술을 활용해 가난과 궁핍을 몰아내고 재화가 넘쳐나는 풍요의 왕국을 세우려는 것도 의미가 있다. 하지만 그러한 실용적 목적만이 학문 탐구에서 가장 중요한지는 다시 생각해봐야 한다.

우리는 실용성이나 효용성과는 상관없이 순수하게 학문을 탐구하기도 한다. 세계가 어떤지 단지 알고 싶어서 진리 탐구에 매진하는 경우도 많다. 아리스토텔레스는 인간이 이성의 기능을 발휘해 자연의 이치를 파악하고 거기에서 즐거움을 느낄 때, 그래서 세상을 관조하는 상태가 될 때 가장 행복한 삶을 살수 있다고 보았다. 우주의 끝은 존재하는가? 하늘은 왜 푸를까? 인간의 품성은 타고나는 것일까? 이러한 물음들이 우리에게 실제적 이득을 가져다주지는 않지만 우리는 이에 대한 답을 알고 싶어한다. 우리는 효율적이고 성공적인 결과를 산출하는 것에 대한 관심도 있지만 다른 한편으로 순수하게 세상의 이치를 인식하는 것에도 관심이 있다.

국가 지원에 의한 집단적 연구가 바람직한가

베이컨은 학문을 진보시키고 지식을 체계화하기 위해서는 국가 지원에 의한 대규모의 집단적 연구와 실험이 요구된다고 보았다. 기존에는 과학자들이 개인적 차원에서 소규모 실험을 시도하는 데 그쳤는데, 베이컨은 이러한 방식으로는 사회를 혁신할 과학적 성과를 거두기 어렵다고 보았다. 그래서 그는 『새로운 아틀란티스』에 나오는 '솔로몬 학술원'처럼 대규모 연구 조직을 만들어 집단적으로 자연을 탐구할 것을 제안했다. 비록 그의 제안은 그 당시에는 영국 정부에 의해 받아들여지지 않았지만 20세기에는 그의 구상처럼 국가 지원에 의한 집단 연구가 과학기술 분야에서 본격적으로 이루어졌다.

국가 주도의 집단 연구는 인력과 자원을 효율적으로 관리하고 사용함으로써 사회에 필요한 과학기술을 집중적으로 생

맨해튼 프로젝트에 참여한 과학자들.

산해 제공할 수 있다는 장점이 있다. 하지만 그러한 방식은 과도한 국가 개입에 의해 과학 연구의 자율성과 중립성이 훼손되거나 특정 목적을 위해 과학 연구가 악용될 수 있다는 단점도 있다. 예를 들어 제1차, 제2차 세계대전을 겪으면서 여러 국가에서 정부 주도로 국방 관련 연구소가 설립되었는데 거기서는 레이더, 로켓과 같은 첨단 장비뿐만 아니라 대량 살상 무기도 개발되었다. 미국 정부가 엄청난 물자와 인력을 투입해 원자폭탄을 개발했던 맨해튼 프로젝트(Manhattan Project)가 그 대표적 사례이다.

참된 지식은 어떻게 얻는가

베이컨은 『신기관』에서 자연에 대한 참된 지식을 얻기 위해서는 관찰과 실험을 통해 객관적 자료를 충분히 확보해야 한다고 보았다. 우리가 믿을 만한 지식은 감각을 통해 획득한 경험적 지식이며 반면에 순수하게 이성을 통해 형성된 관념적 지식은 경험에 기반하지 않기 때문에 신뢰하기 어렵다고 본 것이다. 이렇게 지식의 기원이나 확실성의 근거를 감각적 경험에서 찾는 입장을 경험론이라고 부른다. 그런데 베이컨의 주장처럼 감각적 경험은 확실한 지식을 보증할 정도로 믿을 만한 것일까? 똑같은 사물을 보더라도 이에 대한 감각적 경험은 사람에 따라 또는 시각에 따라 다를 수 있다. 특정한 온도의 물이 뜨겁게 느껴지는 경우도 있고 차갑게 느껴지는 경우도 있는 것이다. 따라서 감각적 경험이 확실한 지식의 근거나 척도라고 단정하기 어려운 측면도 있다.

그래서 데카르트와 같은 철학자는 참된 지식의 근거를 감각적 경험이 아니라 이성적 사유에서 찾기도 한다. 인간의 이성에 주어진 선험적 지식이나 논리적 추론 능력을 활용하면 우리는 확실한 지식에 도달할 수 있다는 것이다. 이렇게 인식의 과정에서 이성의 역할을 중시하는 입장을 이성론이라고 부른다. 예를 들어 두 점 사이의 최단 거리는 직선이라는 이러한 지식은 경험과는 상관없이 이성의 직관을 통해 알 수 있다. 우주가 어떻게 탄생했는지를 밝히는 스티븐 호킹(Stephen William Hawking)의 빅뱅(Big Bang) 이론도 수학적 계산이나 물리학적 추론에 많이 의거한다. 공리, 증명, 계산 등을 통해 얻은 많은 수학적·과학적 지식에서 볼 수 있듯이 감각적 경험이 아니라 이성의 직관과 논리에 의거해 형성된 지식도 있다.

자연은 우리에게 어떤 존재인가

베이컨에게 자연은 인간을 위한 도구적 존재다. 그는『신기관』에서 인류의 행복을 증진시키기 위해서는 자연의 법칙을 파악하고 이를 활용해 자연을 효과적으로 관리하고 통제해야 한다고 보았다. 자연은 신이 만든 피조물로서 우리가 필요하다면 언제든지 활용하고 개발할 수 있는 대상이라는 것이다. 그에게 자연은 지배와 정복의 대상인 것이다. 이러한 자연관은 근대에 널리 퍼져 있던 인간 중심주의를 반영한다. 인간은 이성적 능력을 갖춘 고귀한 존재이지만 자연의 다른 피조물은 그렇지 못하기 때문에 우리 인간은 자연을 수단으로 활용해도

영국에서 매년 열리는 동물권 행진(National Animal Rights March).

된다는 것이다.

그런데 그의 주장처럼 자연은 인간을 위해 존재하는 한낱 도구적 존재에 불과한가? 인간 중심주의를 비판하는 여러 사상가들은 자연도 인간과 마찬가지로 고유한 가치를 지닌 존재로 간주한다. 이성만이 가치가 있는 것이 아니라 다른 존재들이 가진 감정, 생명과 같은 다른 특징들도 가치가 있다는 것이다. 그래서 이들은 윤리적 사고의 폭을 확장해 인간뿐만 아니라 동물이나 식물, 생태계까지도 도덕적 고려의 범위에 포함해야 한다고 주장한다. 피터 싱어(Peter Singer)는 고릴라, 침팬지와

싱어의 동물 해방론

피터 싱어는 동물 해방론으로 널리 알려진 호주 출신의 윤리 사상가이다. 그는 동물도 인간과 마찬가지로 쾌락과 고통을 느낄 능력이 있기 때문에 도덕적 고려의 대상에 포함해야 한다고 하면서 동물 학대, 동물 실험, 공장식 농장 등에 반대하는 운동을 적극적으로 펼치고 있다. 그는 포유류, 조류, 어류뿐만 아니라 새우, 게와 같은 갑각류 그리고 문어와 같은 연체류의 일부 동물도 감각 능력을 갖고 있기 때문에 도덕적으로 존중해줘야 한다고 주장한다.

같은 영장류뿐만 아니라 코끼리, 소, 돼지와 같은 포유류도 '인격체', 즉 자기의식을 지닌 합리적 존재라고 보았다. 또한 새나 물고기를 포함해 많은 동물들이 쾌락과 고통을 느낄 수 있는 감각적 존재에 속하기 때문에 그들의 삶도 존중해야 한다고 말했다. 알베르트 슈바이처(Albert Schweitzer)는 나무와 같은 식물도 '삶에 대한 의지'를 갖기 때문에 모든 생명체를 경이로운 마음으로 존경할 것을 주장했다.

과학기술은 행복과 복지를 증진시키는가

베이컨은 과학기술의 발달이 인류의 행복과 복지를 증진시킨다고 보았다. 과학기술이 발달하면 자연을 효과적으로 관

베이컨의 기획에 대한 평가

한스 요나스는 『책임의 원칙』에서 '베이컨의 기획'에 대해 평가한다. 베이컨의 기획이란 지식의 목표를 자연 지배에 맞추고 이를 통해 인간의 삶을 개선하려는 것이다. 그런데 요나스는 그것이 자본주의와 결합하면서 정당성을 상실했다고 비판한다. 베이컨의 기획이 자본주의 사회에서 대량 생산과 대량 소비를 조장하고 자원 고갈, 자연 파괴와 같은 심각한 생태학적 위기를 발생시킴으로써 원래의 목적을 달성하지 못하고 더 나쁜 결과를 낳았다는 것이다. 그는 이러한 위기를 극복하기 위해서는 새로운 윤리, 즉 미래 세대와 자연까지 도덕적으로 고려해 무조건적으로 책임을 지려는 '책임 윤리'가 요구된다고 주장한다.

리하고 조작할 수 있기에 생산성이 증가하고 생필품을 비롯한 재화도 풍족하게 된다는 것이다. 그래서 그는 『신기관』에서 새로운 발명이나 기술 개발이 인간의 행위 중에서 가장 훌륭한 일이라고 칭송하고 그 가치를 높게 평가했다. 베이컨의 주장처럼 과학기술의 발달이 물질적 풍요의 시대를 만드는 데 크게 기여했음을 부인하기는 어렵다. 하지만 과학기술의 발달이 과연 우리 모두에게 물질적 풍요를 가져다주었는가?

21세기에도 여전히 사회문제가 되고 있는 경제적 불평등이나 지구적 차원의 양극화 현상을 생각해본다면 과학기술의 발달이 인류의 행복이나 복지 증진으로 저절로 이어지지는 않음을 알 수 있다. 과학기술이 발달하더라도 그 성과나 혜택을 특정 집단이 독점한다면, 그래서 우리 모두가 그것을 공유하지 못한다면 베이컨이 구상했던 풍요의 왕국은 당신들의 왕국이지 우리 모두의 왕국이 되지는 못한다. 카를 마르크스(Karl Marx)는 모든 사람이 경제적 궁핍에서 해방되어 물질적 풍요를 바탕으로 자유로운 삶, 인간다운 삶을 살기 위해서는 사회의 생산력을 증가시키는 것에 못지않게 재화를 분배하는 문제도 중요하다고 보았다. 그래서 그는 생산 수단의 소유나 재화의 분배와 관련해 사회제도의 개혁을 강력하게 주장했다. 한스 요나스(Hans Jonas)는 더 나아가 과학기술을 활용해 물질적 풍요를 추구했던 베이컨의 기획을 근본적으로 비판했다. 과학기술의 발달은 대량 생산과 대량 소비를 부추김으로써 자원 고갈과 환경 파괴 문제를 낳으며, 핵무기 개발은 인류를 파멸의 구렁텅이로 몰아넣음으로써 인류 전체를 위기에 빠뜨리기 때문에 베이컨의 기획은 실패했다는 것이다.

베이컨의 사상적 위치는 어디인가

베이컨의 사상은 철학이나 사회사상의 흐름에서 어디쯤 위치할까? 그의 사상을 제대로 알기 위해서는 그가 어디로부터 영향을 받았는지, 어디에 영향을 주었는지를 넓은 시각으로 살펴보아야 한다. 이제 철학의 사다리를 타고 그가 어떤 자리에 있는지 찾아보자.

풍요를 지향하는 이상 사회론의 계보를 잇다

베이컨은 풍요의 왕국을 이상적인 사회로 간주했다. 그는 학문을 혁신하고 과학기술을 발전시킴으로써 생산성을 향상시킨다면 인류가 물질적으로 풍요롭고 행복한 삶을 영위할 수 있다고 보았다. 이것은 그가 꿈꾸었던 거대한 근대적 기획의 최종 목표였다.

여러 사상가들이 제시한 유토피아 이론은 다양한 기준으로 나눠볼 수 있는데 그중 하나가 물질적 풍요를 추구하는가 또는 그렇지 않은가이다. 플라톤, 모어, 캄파넬라가 욕구의 절제를 바탕으로 한 검소한 삶을 이상으로 제시했다면, 베이컨, 마르크스는 고도의 생산성을 바탕으로 한 풍요로운 삶을 이상으로 제시했다.

플라톤(Platon, 기원전 427~347)은 『국가』와 『법률』에서 군인이나 통치자와 같은 수호자 계급은 검소한 공동생활을 하면서 생활에 필요한 최소한의 재화만을 소유하는 절제된 생활을 해야 한다고 주장했다. 수호자 계급은 집과 귀금속을 소유해서는 안 되지만 농업이나 상공업에 종사하는 생산자 계급은 사유재산을 소유할 수 있다. 단, 시민들 사이에 빈부 격차가 너무 커지는 것을 막기 위해 4배 이상의 재산 격차는 허용하지 않았다. 모어는 『유토피아』에서 금은보화와 같은 사치품을 멀리하고 한두 벌의 옷만을 가져야 한다고 하면서 절제되고 검소한 생활을 할 것을 주장했다. 그는 자연에 순응하는 삶

유토피아 저술의 서술 방식

근대 초기의 여러 유토피아 저작들은 저자가 직접적으로 이상 사회를 옹호하는 방식이 아니라 다른 사람의 이야기를 빌려 간접적으로 이상 사회를 묘사하는 방식으로 서술되어 있다. 모어의『유토피아』에서는 선원이었던 라파엘이 항해 중에 겪은 이야기를 전달하며, 캄파넬라의『태양의 나라』에서는 어떤 선원이 항해 도중에 방문한 나라를 소개하고, 베이컨의『새로운 아틀란티스』에서는 어떤 선원이 바다에서 표류하다 우연히 발견한 나라에 대해 이야기한다. 이러한 서술 방식을 채택한 것은 르네상스, 항해술의 발달, 지리상의 발견 등으로 새로운 사회로의 변화가 꿈틀대고 있었지만 여전히 억압적인 사회질서가 유지되고 있어서 저자들이 탄압받을 것을 우려했기 때문이라고 볼 수 있다.

을 미덕이라고 높이 평가하면서 우리에게 자연적으로 주어진 건전한 쾌락만을 추구하라고 말했다. 톰마소 캄파넬라(Tommaso Campanella, 1568~1639)는『태양의 나라』에서 모든 사람들이 평등하게 노동을 해야 하고, 재화는 공동으로 소유하며, 교육을 통해 공동체적 덕성을 함양할 것을 주장했다. 그는 비료 사용을 반대하고 자연의 아름다움을 찬미하면서 자연 친화적 태도를 보여주었다.

이에 비해 베이컨은『새로운 아틀란티스』와『신기관』에서 높은 수준의 과학기술을 보유하고 물질적 풍요가 넘치는 사회를 유토피아로 내세웠다. 거기서는 금은보화와 같은 사치품이 넘쳐나며 시민들은 화려한 복장이나 금은으로 장식한 물건을

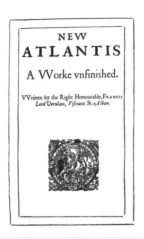

프랜시스 베이컨의 저서 『새로운 아틀란티스』 초판본 표지.

들고 다니기를 좋아한다. 과학기술을 전문적으로 연구하는 '솔로몬 학술원'은 생산성을 향상시키기 위한 다양한 실험을 하며 생활에 필요한 여러 물건들을 만든다. 자연을 효과적으로 관리하고 통제해 생산성을 증진시킴으로써 풍요의 유토피아를 구가한다. 베이컨은 캄파넬라와 같이 근대 과학기술이 본격적으로 발달하기 시작했던 17세기에 활동했다. 그런데 캄파넬라가 수도사로서 기독교적 전통의 금욕적 태도를 중시했다면, 베이컨은 이성과 과학에 대한 신뢰를 바탕으로 인류의 진보를 믿었기에 물질 향유와 욕구 충족의 태도를 중시했다. 카를 마르크스는 『독일 이데올로기』, 「고타 강령 비판」 등에서 공산주의를 이상 사회로 내세우면서 거기서는 고도의 생산력을 바탕으로 필요에 따른 분배가 이루어진다고 주장했다. 그는 자본주의 사회가 무너지고 계급이 사라진 새로운 공산주의 사회가 들어서면 생산성이 더욱 증가해 모든 사람들이 물질적 풍요를 누릴 수 있다고 보았다. 그의 이러한 사상은 과학기술의 발달과 생산성 증가를 통해 인류의 풍요와 복지 증진을 추구한다는 점에서는 베이컨의 기획을 계승하지만, 사적 소유의 폐지와 같은 사회제도의 개혁을 통해 재화의 평등한 분배를 강조한다는 점에서는 그 기획과는 차이가 있다.

철학 사다리

- 풍요의 유토피아: 베이컨 ⇨ 마르크스
- 절제의 유토피아: 플라톤 ⇨ 모어 ⇨ 캄파넬라

근대 경험론의 기초를 다지다

베이컨은 자연에 대한 지식을 얻기 위해서는 관찰과 실험이 중요하다는 점을 강조했다. 참된 지식은 허구적 관념이나 사변이 아니라 감각적 경험을 바탕으로 형성된다는 것이다. 인

영국의 경험론을 대표하는 철학자 존 로크.

식에서 감각적 경험을 중시하는 그의 견해는 근대 경험론의
기초를 다지는 데 크게 기여했다. 철학에서 인식론은 인간의
지식은 어디에서 기원하는지, 인간의 지식은 얼마나 확실한지,
인간은 어디까지 알 수 있는지 등의 문제를 다루는데 경험론
은 이에 대한 한 입장이다. 근대의 경험론을 대표하는 학자로
는 프랜시스 베이컨, 존 로크(John Locke, 1632~1704), 조지 버클
리(George Berkeley, 1685~1753), 데이비드 흄(David Hume, 1711~1776)
등이 있다. 이들은 주로 영국을 중심으로 활동하면서 그러한
사상적 전통을 만들었기 때문에 그들의 철학을 영국의 경험론

영국의 경험론을 대표하는 철학자 조지 버클리.

이라고 부르기도 한다.

경험론은 지식의 원천이자 확실한 토대로서 감각적 지각이나 경험을 매우 중시한다. 우리는 감각적 경험을 바탕으로 자연에 대한 지식을 얻게 되며, 그러한 지식은 확실한 경험에 의거하기 때문에 신뢰할 수 있다는 것이다.

로크는 『인간 오성론(지성론)』에서 인간 지식의 기원, 범위, 확실성에 대해 다루었다. 그는 인간의 지식이 감각적 경험을 통해 형성된다고 주장했다. 우리의 정신에 선천적인 지식은 없으며 우리는 경험에 의해서만 세상에 대한 지식을 얻을 수

버클리와 주관적 관념론

근대의 경험론자인 버클리는 "존재한다는 것은 지각되어 있는 것이다"라고 말했
다. 그는 우리가 확실히 알 수 있는 지식은 감각을 통해 지각한 관념들뿐이며 우
리의 감각 외부에 그 관념들에 대응하는 어떤 사물이 실제로 존재하는지 알 수 없
다고 보았다. 우리의 지각 관념에 대해서는 확실하게 말할 수 있지만 그 지각 관
념의 외부에 존재하는 사물에 대해서는 단정적으로 말할 수 없다는 것이다. 예를
들어 우리는 사과에 대해 빨갛고 둥글며 딱딱한 것이라는 관념을 갖고 있지만 사
과가 실제로 그러한지에 대해서는 알 수 없다는 것이다. 세상에 존재한다고 확실
하게 말할 수 있는 것은 지각 관념과 주관뿐이라는 이러한 철학적 견해를 주관적
관념론이라고 부른다.

있다는 것이다. 우리에게는 본유 관념, 즉 우리가 태어나면서
부터 갖게 되는 타고난 관념은 없으며 우리의 모든 관념이나
지식은 후천적인 경험을 통해 얻어졌다는 것이다. 그래서 그
는 인간의 마음은 원래 아무것도 쓰여 있지 않은 백지와 같
다는 주장을 펼쳤는데 이를 '백지론'이라고 부른다. 그는 감
각적 경험을 통해 얻어진 지식을 두 가지로 구분했다. 크기,
무게, 수량 등 사물의 제1성질에 대한 관념이 있으며, 다른 한
편으로 색깔, 냄새 등 제2성질에 대한 관념도 있다. 그런데 그
는 제1성질에 대한 관념은 객관적이기 때문에 믿을 수 있지만
제2성질에 대한 관념은 주관적이기 때문에 믿을 수 없다고 보
았다.

영국의 경험론을 대표하는 철학자 데이비드 흄.

　이러한 인식론의 문제와 관련해 근대의 경험론과는 다르게 이성의 역할을 강조하는 입장이 있는데 이를 근대의 이성론이라고 부른다. 이에 따르면 인간의 감각적 경험은 불확실하기 때문에 지식의 근거가 되기에는 한계가 있으며 참된 지식을 얻기 위해서는 이성의 힘을 사용해야 한다. 인간에게는 감각적 경험과는 무관하게 주어진 선험적 지식이 있으며, 우리는 직관이나 논리적 추론과 같은 이성의 능력을 발휘해 그러한 지식을 활용한다면 사물에 대한 참된 인식에 이를 수 있다. 이러한 근대 이성론을 대표하는 학자로는 르네 데카르트(René Descartes, 1596~1650), 바뤼흐 스피노자(Baruch Spinoza, 1632~1677), 고트프리트 빌헬름 라이프니츠(Gottfried Wilhelm Leibniz, 1646~1716) 등이 있다. 이들은 프랑스, 독일을 비롯한 유럽 대륙에서 주로 활동했기 때문에 그들의 철학을 대륙의 이성론이라고 부르기도 한다.

철학 사다리

- 영국의 경험론: 베이컨 ⇨ 로크 ⇨ 버클리 ⇨ 흄
- 대륙의 이성론: 데카르트 ⇨ 스피노자 ⇨ 라이프니츠

귀납주의를 바탕으로 전통적 과학관을 세우다

베이컨은 자연에 대한 관찰과 실험을 통해 경험적 자료를 모으고, 이를 바탕으로 귀납 추론을 통해 과학 이론이나 법칙을 만들어야 한다고 보았다. 이렇게 근대적인 과학적 탐구의 방법론으로 귀납주의를 제시한 그의 주장은 '전통적 과학관'을 세우는 기틀이 되었다.

'전통적 과학관'이란 통상적으로 받아들이는 상식적 과학관을 가리킨다. 이에 따르면 과학 이론은 경험적 사실에 근거

한 객관적 지식이다. 과학 이론은 관찰과 실험을 통해 얻은 경험적 사실을 바탕으로 귀납법이라는 엄격한 추론 방식을 사용해 만들어진다. 우리는 여러 감각기관을 통해 보고 듣고 만지는데, 이렇게 얻은 감각적 경험은 확실하기 때문에 객관적인 과학적 자료가 된다. 과학적 탐구에는 사적 의견, 편견, 선입견, 허구적 상상 등이 개입될 여지가 없다. 따라서 과학 이론은 객관적으로 증명된 지식이기 때문에 절대적으로 신뢰할 수 있다는 것이다.

이러한 전통적 과학관의 주요 견해를 간추려 정리하면 다음과 같다. 1) 자연에 대한 순수한 객관적 관찰은 가능하다. 자신이 갖는 편견이나 선입견에서 벗어나 자연을 있는 그대로 볼 수 있으며 이를 통해 객관적 자료를 얻을 수 있다. 2) 과학 이론은 귀납 추론의 방식을 통해 만들어진다. 관찰과 실험을 통해 얻은 경험적 자료들을 귀납적 방법을 사용해 일반화함으로써 새로운 이론이나 법칙이 도출된다. 3) 과학 이론은 연속적으로 진보한다. 과학의 발전이란 자연을 더 잘 설명하는 새로운 이론이 기존의 이론을 흡수해 포괄하는 진보의 과정이다.

전통적 과학관은 귀납적 방법을 중시하기 때문에 '귀납주의'라고도 하며, 과학 이론의 객관성을 절대적으로 신뢰하기 때문에 '과학주의'라고도 한다. 우리에게도 익숙한 이러한 과

독일과 미국 등에서 활동한 분석철학자 루돌프 카르납.

학관은 20세기 초반에 논리실증주의(logical positivism)에 의해 체계화되었다. 이를 대표하는 학자로는 모리츠 슐리크(Moritz Schlick, 1822~1936), 루돌프 카르납(Rudolf Carnap, 1891~1970), 앨프리드 줄스 에이어(Alfred Jules Ayer, 1910~1989) 등이 있다. 이들은 러셀과 비트겐슈타인의 이론을 수용했으며 1920년대 오스트리아의 빈에서 주로 활동했기 때문에 '빈 학파'라고 불리기도 한다.

이들은 지식을 표현하는 명제들을 '의미 있는 명제'와 '의미 없는 명제'로 구분한다. 의미 있는 명제에는 '분석 명제'와

논리실증주의와 철학의 과제

논리실증주의를 주장한 빈 학파는 철학의 주요 과제가 자연의 궁극적인 실재나 절대적인 가치를 발견하는 것이 아니라 언어의 의미를 분석하고 명료화하는 것이라고 주장한다. 이 학파에 속하는 카르납은 이러한 관점에서 과학적 학문에 포함될 수 있는 지식과 그렇지 못한 지식을 구분한다. 수학이나 경험 과학의 지식은 논리나 감각적 경험을 통해 참, 거짓을 구분할 수 있기 때문에 학문이 될 수 있지만, 형이상학이나 윤리학의 지식은 그렇지 못하기 때문에 학문이 될 수 없다는 것이다.

'종합 명제'가 있다. 분석 명제는 주어 속에 술어의 내용이 들어 있는 명제이거나 동어 반복적인 명제다. 그 예로 '빨간 장미꽃은 빨갛다'가 있다. 이러한 명제는 관찰이나 실험을 하지 않아도 개념에 대한 분석이나 그 자체의 논리만으로 참, 거짓을 알 수 있다. 종합 명제는 주어 속에 술어의 내용이 들어 있지 않은 것으로 경험적 관찰이나 실험에 의해 참, 거짓이 판단된다. 그 예로 '이 장미꽃은 빨갛다'가 있다. 이에 비해 신, 영혼, 도덕적 가치에 대해 다루는 형이상학이나 윤리적 명제는 경험을 통해 참, 거짓을 검증할 수 없기 때문에 의미 없는 명제가 된다.

　논리실증주의는 의미 있는 명제만이 과학적 지식이 될 수 있다고 본다. 따라서 과학적 지식이나 이론이 되기 위해서는 그것이 논리성과 검증 가능성의 조건을 충족해야 한다고 주장한다. 어떤 이론을 논리적으로 분석한 후에 이로부터 단순한 명제를 이끌어내고, 그다음에 그 명제를 관찰이나 실험을 통해 참, 거짓을 검증할 수 있다면 그 이론은 과학적 이론이 될 수 있다는 것이다.

관찰과 실험, 귀납 추론, 검증 가능성 등을 중시하는 이러한 전통적 과학관은 20세 중반 이후에 여러 비판을 받게 된다. 카를 포퍼(Karl Popper), 노우드 러셀 핸슨(Norwood Russell Hanson), 토머스 쿤(Thomas Kuhn)을 비롯한 여러 사상가들은 순수한 객관적 관찰이 가능한가, 귀납 추론은 필연적인 참된 지식을 보증하는가, 과학은 연속적으로 진보하는가 등의 문제를 제기하면서 과학 이론의 형성에 대한 새로운 관점을 주장했다.

철학 사다리

- 전통적 과학관: 베이컨 ⇨ 비트겐슈타인 ⇨ 논리실증주의

  (슐리크, 카르납)

- 새로운 과학관: 포퍼 ⇨ 핸슨 ⇨ 쿤

'신기관'의 발견은 성공적인가

베이컨은 인류의 행복 증진과 학문의 진보를 위해서는 새로운 학문의 방법이 요구된다고 보았으며, 이를 위해 '신기관'을 제안했다. 이것은 자연을 탐구해 참된 지식을 얻기 위한 새로운 방법론이자 새로운 생각의 틀이라고 할 수 있다. 그는 아리스토텔레스의 연역법이 지닌 한계를 비판하면서 자연에 대한 참된 이론적 지식을 얻기 위해서는 관찰과 실험에 바탕을 둔 귀납법이 필요함을 강조했다. 그렇다면 베이컨이 제안한 이러한 새로운 생각의 틀은 과연 성공적이라고 할 수 있을까? 이와 관련해 몇 가지 질문을 던지면서 생각해보자.

객관적 관찰은 가능한가

베이컨은 참된 지식을 얻기 위해서는 우상, 즉 편견이나 선입견을 제거하고 자연을 있는 그대로 관찰해야 한다고 주장했다. 기존의 잘못된 권위나 전통, 관행에서 벗어나 순수한 눈으로 사물을 관찰해야 자연에 대한 올바른 지식을 얻을 수 있다는 것이다. 베이컨은 과거의 많은 학문이 사실과 맞지 않는 허구적 관념에 근거해 이론을 세웠기 때문에 자연에 대한 참된 지식을 가져다주지 못하고 탁상공론에 빠지게 되었다고 보았으며, 그래서 자연 탐구에서 객관적 관찰과 실험을 강조했던 것이다.

그렇다면 베이컨의 주장처럼 자연에 대한 순수하고 객관적인 관찰은 가능할까? 참된 지식을 얻기 위해서는 편견이나 선입견에 사로잡히지 않는 것이 중요하다. 하지만 우리가 가진 모든 배경 지식이나 이해관계, 관심 등을 제거하고 순수하게 자연을 관찰한다는 것은 어려운 일이다. 형태 전환(gestalt shift)과 관련된 다음 그림을 살펴보자.

이 그림은 무엇으로 보이는가? 어떤 사람은 오리라고 하고 다른 사람은 토끼라고도 한다. 토끼를 주변에서 자주 보아서 토끼는 친숙하지만 오리는 본 적이 거의 없는 사람은 그것을

토끼로 볼 것이다. 반면에 토끼를 본 적이 거의 없는 사람은 그것을 오리로 볼 것이다. 또는 토끼를 좋아하거나 토끼에 관심이 많은 사람은 그림을 보는 순간 그것을 토끼로 인식할 것이다. 같은 사물을 보더라도 관찰자에 따라 그 사물에 대한 인식이 다른 것이다. 이처럼 기존의 경험이나 배경 지식, 관심, 이해관계 등이 관찰에 영향을 주기 때문에 자연에 대한 순수한 객관적 관찰은 어렵다고 볼 수 있다. 그래서 핸슨은 "본다는 것은 단순한 눈의 운동 그 이상의 행위다"라고 했다.

귀납 추론은 필연적 지식을 보증하는가

베이컨은 자연에 대한 관찰을 통해 얻은 자료를 바탕으로 귀납 추론의 과정을 거치면 새로운 과학 이론이나 법칙을 도출할 수 있다고 보았다. 실험과 관찰을 통해 자연에 대한 경험적 자료를 많이 축적한 후에 이를 일반화하면 보편적 이론이나 지식을 얻을 수 있다는 것이다. 아리스토텔레스가 주장한 연역 추론은 이미 알려진 일반적 사실에서 개별적 사실을 이끌어내기 때문에 새로운 지식을 가져다주지 않으며, 반면에 자신이 주장한 귀납 추론은 개별적 사실에서 일반적 사실을 이끌어내기 때문에 자연에 대한 새로운 참된 지식을 가져다준다는 것이다.

그렇다면 베이컨의 주장처럼 귀납 추론을 통해 얻은 이론이나 지식은 필연성을 지닌 참된 지식이라고 할 수 있을까? 귀납 추론은 자연의 일부분에 대해 관찰한 내용을 아직 관찰하지 않은 대상에까지 확대 적용하는 것이다. 따라서 이러한 추론 방식을 통해 도출된 이론이나 지식이 필연성을 지닌 절대적 진리라고 말하기 어려울 수 있다. 다음 사례를 살펴보자. 어떤 사람이 까마귀를 관찰했더니 첫 번째 까마귀도 까맣고, 두 번째 까마귀도 까맣고, 세 번째 까마귀도 까맣다. 이후에도 1,000마리나 되는 많은 까마귀를 관찰했더니 모두가 까맣다. 그래서 그는 귀납적 일반화 과정을 거쳐서 '모든 까마귀는 까맣다'는 결론을 내렸다. 과연 이러한 결론은 참인가? 아직 관찰하지 않은 까마귀들 중에는 돌연변이에 의해 흰 까마귀가 있을

과학 이론의 발견과 가설 연역적 방식

카를 포퍼(Karl Popper)는 과학적 이론의 발견과 관련해 귀납주의적 방식을 비판하고 가설 연역적 방식을 주장한다. 그에 따르면 과학 이론이란 자연을 그럴듯하게 설명하기 위해 인간의 지성이 자유롭게 창조해낸 추측이자 가설이다. 이러한 가설적인 이론이 제시되면 그것은 관찰과 실험에 의해 엄격한 테스트 과정을 거친다. 그 이론으로부터 연역적으로 이끌어낸 구체적 내용이나 개별적 사실을 관찰과 실험을 통해 참인지 거짓인지를 확인해보고 만약 참이라면 그 이론은 살아남는다. 그런데 만약 거짓으로 밝혀진다면 그 이론은 폐기되고, 그 대신 다른 추측이나 가설이 새로운 이론으로 제시된다. 포퍼는 이렇게 가설 제안, 테스트, 반박 등의 과정을 거치면서 과학 이론이 만들어진다고 보았다.

수도 있다. 따라서 귀납 추론을 통해 이끌어낸 '모든 까마귀는 까맣다'라는 주장은 절대적 참이라고 단정할 수 없다. 귀납 추론이 필연적인 참된 지식을 보증하지는 못할 수도 있다.

과학적 발견은 어떻게 이루어지는가

베이컨은 새로운 과학적 발견은 관찰과 실험에 의해 가능하다고 보았다. 객관적 관찰이나 실험을 통해 자료를 수집하고 이를 귀납 추론을 통해 일반화함으로써 과학적 이론이나 지식을 얻게 된다는 것이다. 그래서 그는 과학자의 도전적인 실험 정신과 경험적인 관찰적 태도를 매우 중시했다. 베이컨의 주장처럼 끈기 있는 실험과 관찰을 통해 많은 과학적 이론이나 발명품이 만들어진 것을 부인하기는 어렵다. 하지만 과학적 발견이 그러한 귀납주의적 방식을 통해서만 이루어진다고 볼 수 있는가?

새로운 과학적 발견은 관찰이나 실험 이외에도 우연이나 상상력에 의해 이루어지기도 한다. 빌헬름 콘라트 뢴트겐(Wilhelm Conrad Röntgen, 1845~1923)은 진공 방전을 실험하는 과정에서 몇 미터 떨어져 있던 형광 스크린이 빛나는 것을 우연히 보고 원래 의도하지 않았던 X선을 발견했다. 알프레트 베게너(Alfred Lothar Wegener, 1880~1930)는 세계 지도를 보다가 두 대륙의 해안선 모양이 비슷하다는 점을 우연히 발견하고 이를 토대로 대륙 이동설을 제안했다. 케쿨레(Friedrich August Kekulé von Stradonitz, 1829~1896)는 꿈속에서 뱀 여섯 마리가 서로 꼬리를 물고 빙빙 도는 모습을 본 다음에 여기서 영감을 얻어 상상력을 발휘해 벤젠의 분자 구조가 탄소 원자 6개, 수소 원자 6개가 맞물린 고리 모양으로 구성되어 있다는 가설을 세웠다. 포퍼는 케플러나 뉴턴과 같은 위대한 과학자들은 상상력을 발휘해 자유롭고 대담하게 가설을 제안하는 방식으로 새로운 과학 이론을 만들었다고 본다. 이를 귀납주의적 방식과 대비해 가설연역적 방식이라고 부르기도 한다

2장

『신기관』 읽기

학문의 진보: 인류의 복지 증진을 위한 학문 탐구

아는 것이 힘이다

베이컨의 명언 "아는 것이 힘이다(Knowledge is power)"라는 말을 들어본 적이 있을 것이다. 워낙 유명해 모두에게 친숙한 문구이기 때문이다. 학창 시절에 책상 앞에 이 문구를 써놓았던 사람도 많을 것이다. 그럼 이 말의 의미는 무엇일까? 우리가 많은 지식을 얻으면 신체의 힘이 강해진다는 말일까? 물론 그런 의미는 아니다. 이제 그 의미가 구체적으로 무엇인지 베이컨의 글을 보면서 함께 알아보자.

인간의 지식이 곧 인간의 힘이다. 왜냐하면 원인을 알지 못하면 어떤 효과도 낼 수 없기 때문이다. 우리는 자연에 복종함으로써만 자연을 복종시킬 수 있다. 자연을 관찰해 원인을 발견하면 그것은 인간이 행위를 할 때 법칙으로 활용할 수 있다.(1권 3장)

베이컨이 상당히 압축적으로 말을 하기 때문에 이것만 보아서는 "아는 것이 힘이다"라는 말의 의미를 이해하기 힘들다. 베이컨은 "인간의 지식이 곧 인간의 힘"이라고 말한다. 이때 '인간의 지식'은 무엇에 대한 지식일까? 그것은 바로 '자연에 대한 지식'이다. 즉 '자연에 대해 아는 것'이다. 그렇다면 우리가 어떤 지식이나 정보를 얻었을 때 자연에 대해 제대로 알았다고 할 수 있을까? 우리는 자연에서 발생하는 여러 현상들의 원인을 알아야 한다. 왜 그런 현상이나 변화가 발생하는지 그 원인을 파악해야만 자연에 대해 제대로 알았다고 할 수 있다.

예를 들어보자. 빠른 속도로 달리던 버스가 갑자기 정지하면 버스에서 아무것도 잡지 않고 서 있던 사람들은 앞으로 넘어지게 된다. 이것은 우리가 주변에서 쉽게 볼 수 있는 현상으로 대부분의 사람들은 이 사실을 안다. 그러나 이러한 사실에 대한 지식만으로는 자연에 대해 제대로 알았다고 말할 수 없

영국의 과학자 아이작 뉴턴.

다. 우리는 왜 그 현상이 발생했는지 그 원인을 알아야 한다.
모두 잘 알듯이 그 원인은 바로 '관성의 법칙' 때문이다.

아이작 뉴턴(Isaac Newton, 1642~1727)은 "모든 사물은 자기
의 운동 상태를 그대로 유지하려는 성질이 있다"라고 하면서
그것을 '관성의 법칙'이라고 불렀다. 버스에 타고 있던 사람들
이 앞으로 넘어진 것도 바로 이러한 관성의 법칙 때문이다. 버
스가 갑자기 정지하더라도 버스에 타고 있는 사람들은 원래의
속도에 따라 계속 앞으로 나아가려고 하며 그 결과 그들은 앞

으로 넘어지게 된다. 이처럼 자연을 제대로 알기 위해서는 자연에서 발생하는 여러 현상들의 원인이나 법칙을 알아야 한다.

베이컨은 이러한 '인간의 지식'이 곧 '인간의 힘'이라고 말하는데, 이때 '인간의 힘'이란 무엇일까? 그것은 '자연을 지배하고 이용할 수 있는 힘'을 가리킨다. 우리가 자연의 법칙이나 원인을 알 수 있다면, 이것을 활용해 자연을 지배하고 이용할 수 있는 우리의 힘도 증가한다. 자연을 효율적으로 개발하고 이용하기 위해서는 자연의 법칙이나 원인을 알아야 한다. 그래야 우리는 그러한 법칙이나 원인을 활용해 생산 활동에서 기대하는 효과나 결과를 얻을 수 있다. 자연을 우리의 뜻에 따라 마음대로 이용하기 위해서는 자연 속에 있는 법칙이나 원인을 알아야 한다. 그래서 베이컨은 "자연을 복종시키기 위해서는 우리가 자연에 복종해야 한다"고 말한 것이다.

예를 들어보자. 우리는 자연에 '관성의 법칙'이 작용한다는 사실을 안다. 그래서 갑자기 정지하는 버스에서 넘어지지 않기 위해 손잡이를 잡거나 안전벨트를 착용한다. 우리는 높은 곳에 있는 물건이 중력의 작용으로 아래로 떨어지면서 여러 힘을 발휘하기 때문에 그 물건이 에너지를 갖는다는 것을 안다. 그 에너지를 흔히 '위치에너지'라고 한다. 물건이 중력의 작용으로 아래로 떨어지면 속도가 점차 증가하는데, 이 과정에서 위치에너지는 감소하고 그 대신에 운동에너지가 점차 증가한다. 즉 위치에너지가 운동에너지로 전환하는 것이다. 이러한 원리를 이용한 것이 바로 수력 발전이다. 높은 곳에 있는 물을 낮은 곳으로 떨어뜨림으로써 위치에너지를 운동에너지로 전환하는 것이다. 그리고 이 운동에너지를 이용해 발전기를 돌림으로써 우리가 아주 편리하게 사용하는 전기에너지를 얻는다. 수력 발전은 위치에너지가 운동에너지로, 운동에너지가 전기에너지로 전환되는 원리를 이용한 것이다. 이처럼 우리는 자연의 법칙이나 원리를 활용함으로써 자연을 효과적으로 이용한다.

실용적 학문관을 세우다

베이컨은 "아는 것이 힘이다"라는 말을 통해 자연에 대한 지식이 자연을 효과적으로 통제하고 이용하는 데 도움이 된다고 주장한다. 여기서 베이컨은 지식의 가치나 의의를 자연의 효과적 통제와 이용에서 찾는다. 지식에 대한 이러한 관점은 베이컨의 학문관에도 그대로 반영된다. 베이컨은 학문의 목표에 대해 다음과 같이 말한다.

학문의 진정한 목표는 새로운 발견을 하고 이를 통해 인간의 삶에 힘을 주는 것이다. 그런데 대부분의 학자들은 오직 돈을 버는 데 관심을 갖거나 직업적 차원에서만 접근하기 때문에 이러한 학문의 목표를 깨닫지 못한다. 다른 사람들보다 현명하고 명성을 얻기 위해 노력하는 장인들이 자신의 돈을 들여가면서 새로운 발견을 위해 일을 하는 경우는 매우 드물다. 학자들은 대체로 과학과 기술의 성과를 증진시키는 것을 자신들의 목적으로 삼지 않으며, 기존의 과학과 기술의 성과를 직업적으로 이용해 이익을 얻거나 명성을 드높이는 것에만 관심을 기울인다.(1권 81장)

베이컨은 학문의 목표가 새로운 발명과 발견을 통해 인간의 삶에 힘을 주는 것이라고 말한다. 학문의 목적은 자연을 통제하는 힘을 증가시켜 인간의 삶을 풍요롭게 하는 데 있다는 것이다. 따라서 베이컨에게 있어서 학문의 궁극적 목적은 '인류의 복지 증진'이라고 할 수 있다. 우리가 자연을 연구해 법칙과 원리를 발견하거나 새로운 도구를 발명하고 새로운 기술을 개발하는 목적은 이것들을 활용해 자연을 통제하고 이용함으로써 인류의 복지를 증진시키는 것이다. 베이컨은 과거의 학자들은 물론이고 그 당시의 많은 학자들도 학문의 진정한 목적

프랜시스 베이컨의 『학문의 진보』 표지.

을 망각하고 있으며, 그래서 새로운 발명이나 발견, 기술 개발
에 별로 관심을 기울이지 않는다고 비판한다.

베이컨은 학문의 목적이 인류의 삶을 풍요롭게 만드는 것,
즉 인류의 복지 증진에 있다고 말하는데, 이런 관점을 '실용적
학문관'이라고 부른다. 학문의 목적은 순수한 진리 탐구나 자
기 수양에 있는 것이 아니라 인류의 복지 증진이라는 실용적
측면에 있다는 것이다. 학문이 실제 생활에 유용하게 사용될
때 의미가 있다는 것이다. 베이컨은 『신기관』뿐만 아니라 『학
문의 진보』 『새로운 아틀란티스』 등 자신의 여러 저서에서 이

러한 관점을 주장한다.

그래서 후대 사람들은 베이컨을 '근대의 실용적 학문관'을 체계화한 사상가로 평가한다. 근대를 거치면서 과학과 기술이 급격하게 발전하자 학문의 실용성을 강조하는 주장이 널리 퍼졌다. 학문의 성과가 기술과 산업의 발전에 기여해야 한다는 요구가 커진 것이다. 이러한 요구를 가장 잘 반영한 대표적 학문이 바로 공학 분야다. 공학은 산업 분야에서 직접적으로 활용할 수 있는 기계, 항공, 조선, 컴퓨터, 로봇 등과 관련된 과학 기술을 개발하는 데 중점을 둔다. 그래서 현대사회에서는 공학이나 의학과 같은 응용 학문에 대한 관심이 매우 높다.

베이컨은 인류의 복지 증진을 위한 실용적 학문을 중시하기 때문에 새로운 발견과 발명, 기술 개발의 가치를 매우 높이 평가한다. 베이컨의 말을 직접 들어보자.

중요한 발견을 하는 것은 인간의 행위 중에서 가장 뛰어난 것이다. 이는 고대 사람들의 생각이다. 그들은 발명자에게 신의 명예를 주었지만, 국가에 특별한 공을 세운 사람들, 예를 들면 도시와 제국을 건설한 사람, 법을 만든 사람, 위기에 빠진 조국을 구한 사람, 독재자를 타도한 사람에게는 영웅의 명예를 주는 데 그쳤다. 그 누구라도 이 두 가지를 올바르게 비교해

본다면, 고대 사람들의 판단이 옳았다는 것을 알 수 있다. 왜 나하면 발견의 혜택은 인류 전체에게 돌아가지만, 정치의 혜택은 일정한 장소에 있는 사람들에게만 돌아간다. 또한 발견의 혜택은 거의 영원하지만, 정치의 혜택은 몇 세대를 넘어서까지 지속되지 않는다. 더욱이 정책의 개혁은 종종 폭력과 혼란을 불러일으키지만, 발견은 그 누구에게도 해악이나 불행을 주지 않고 축복과 혜택을 준다.(1권 129장)

베이컨은 새로운 발견이 정치 개혁보다 훨씬 더 가치 있는 일이라고 본다. 정치 개혁은 사람들의 행복과 복지 증진에 도움을 주지만 그것은 그 국가에 살고 있는 일부 사람들이나 몇 세대에게만 혜택을 주는 데 그친다. 이에 비해 새로운 발견은 그러한 지역적·시대적 한계를 넘어 인류 전체에게 오랫동안 복지 혜택을 준다. 그래서 베이컨은 위대한 발견이야말로 인류의 가장 뛰어난 행위라고 평가한다. 그는 유럽의 선진국과 아메리카 신대륙의 미개한 지역을 비교하면서 이러한 문화 발달의 차이가 새로운 발견이나 기술 개발 때문에 발생했다고 본다.

이러한 차이는 토지나 기후, 신체의 힘 때문이 아니라 기술 때문에 생긴 것이다.(1권 129장)

문화의 발달 수준은 토지나 기후 같은 자연적·지리적 요인에 의해 결정되는 것이 아니라 새로운 발견이나 기술 개발과 같은 사회적·기술적 요인에 의해 결정된다는 것이다. 베이컨은 이러한 기술 개발이나 발명이 인류의 삶에 커다란 변화를 가져왔다고 말하면서 인류의 3대 발명에 대해 언급한다.

> 발명의 위대한 힘과 가치, 결과에 대해 관심을 갖는 것은 의미 있는 일인데, 이것은 3대 발명품인 인쇄술, 화약, 나침반을 보면 분명하게 알 수 있다. 이러한 3대 발명품은 그 기원이 기록에 남아 있지 않아 애매하기는 하지만 최근에 발명된 것으로 고대 사람들에게는 알려지지 않았던 것들이다. 이러한 3대 발명품은 학문, 전쟁, 항해 분야에서 세계적으로 커다란 변화를 불러일으켰다. 또한 이로 말미암아 수많은 다른 변화들이 뒤따라 발생했기 때문에 어느 제국, 어느 종파, 어느 별도 인간의 삶에 그보다 더 많은 영향력을 미치지는 못했다.(1권 129장)

베이컨은 그 당시까지의 역사를 뒤돌아보면서 인류의 3대 발명으로 인쇄술, 화약, 나침반을 든다. 인쇄술의 발명은 책을 대량으로 찍어내 지식을 널리 보급하고 학문을 대중화하는 데 크게 기여했다. 귀족이나 지식인과 같은 소수의 특정 집단이

인류의 4대 발명품

인류의 4대 발명품은 무엇일까? 베이컨이 언급한 인쇄술, 화약, 나침반에다 종이를 더해 인류의 4대 발명품이라고 부른다. 제지술, 즉 종이를 만드는 기술은 중국의 한나라에서 개발되었으며, 다른 발명품들도 중국에서 개발되어 이슬람 세계 등을 거쳐 서양으로 전달되었다.

장악하고 있던 지식과 정보를 이제 많은 대중들이 공유할 수 있는 계기가 된 것이다. 화약의 발명은 전투 방식을 크게 바꾸었다. 중세에는 갑옷을 입고 말을 탄 기사들과 성곽을 중심으로 전투가 벌어졌는데, 화약이 발명되고 총포 제작 기술이 발달하자 전투 방식이 완전히 바뀌었으며 기사 계급도 몰락하기 시작했다. 기사 계급의 몰락은 중세의 봉건 질서를 무너뜨리는 하나의 계기가 되었다. 나침반은 장거리 항해를 가능하게 해주었으며 그 결과 신대륙이 발견되고 국제 무역이 활성화되었고, 이로 말미암아 유럽 사회도 커다란 변화를 겪었다.

정복적 자연관을 내세우다

"아는 것이 힘이다"라는 베이컨의 말 속에는 자연에 대한 어떤 태도가 나타나 있을까? 앞에서 살펴보았듯이 이 말은 우리가 자연의 법칙이나 원리를 알게 되면 우리는 그것을 활용해 자연을 지배하고 개발하는 힘을 키울 수 있다는 뜻이다. 따라서 여기에는 자연을 지배와 정복의 대상으로 보는 사고방식이 깔려 있다. 자연에 대한 이런 관점을 흔히 '정복적 자연관'이라고 부른다. 자연이란 인류의 복지 증진을 위한 수단이나 도구에 불과하기 때문에 우리가 자연을 최대한 개발하고 지배하는 것은 정당하다는 것이다. 베이컨은 다음과 같이 말한다.

> 하느님의 저주는 피조물을 완전히 그리고 영원히 반항하도록 만들지는 않았다. '네 얼굴에 땀이 흘러야 너는 빵을 먹을 수 있을 것이다'라는 하나님의 말씀처럼 우리 인간이 모든 노력을 기울인다면(물론 논박이나 공허한 마술적 의식은 제외하고) 결국 피조물을 정복해 빵, 즉 인류의 생활필수품을 얻을 것이다.(2권 52장)

베이컨은 성경의 내용을 언급하면서 신은 우리 인간이 동물이나 식물, 대지와 같은 피조물을 지배해 이용하라고 그것들을 만들었다고 말한다. 자연은 인류에게 빵을 제공하기 위한 수단, 즉 인류의 복지를 증진하기 위한 수단으로 주어졌다는 것이다. 물론 자연의 혜택은 저절로 주어지는 것은 아니며 인간이 땀과 노력을 기울여야만 얻을 수 있다. 인간이 노력한다면 자연을 개발하고 지배할 수 있다는 것이다. 이처럼 베이컨은 피조물인 자연을 개발과 지배의 대상으로 간주한다. 베이컨은 이와 관련해 인간의 욕망을 다음과 같이 구분한다.

> 인간의 야망을 세 종류, 즉 세 등급으로 나누어도 부적절한 것은 아니다. 첫째, 자기 나라 안에서 자기 자신의 힘을 확대하려는 야망인데, 이것은 흔히 볼 수 있는 야망으로 가치가 없다. 둘째, 인류 전체 속에서 자기 나라의 힘과 지배를 확대하려는 사람의 야망인데, 이것은 약간의 품위는 있지만 여전히 탐욕적이다. 우주 전체에 대한 인류의 힘과 지배권을 확립하려는 사람은 (만약 야망이라는 것을 갖는다면) 의심할 여지 없이 다른 야망들보다 더 건전하고 고귀한 야망을 보여준다. 자연에 대한 인간의 지배권은 오직 기술과 학문에 달려 있다. 왜냐하면 우리가 자연에 복종하지 않고서는 자연을 지배할 수 없기 때문이다.(1권 129장)

베이컨은 인간의 야망 중에서 가장 건전하고 고귀한 것은 자연을 지배하려는 야망이라고 말한다. 국가나 인류를 지배하려는 야망은 낮은 수준의 야망이기 때문에 이것을 버리고 그 대신에 자연을 지배하려는 야망을 키워야 한다고 주장한다. 우리가 자연에 복종해 자연의 법칙이나 원리를 파악하려는 것도 결국은 자연을 효과적으로 지배하기 위한 목적 때문이다. 베이컨은 과학기술을 발전시켜 자연을 지배하고 활용함으로써 인류의 복지를 증진하려는 거대한 계획을 세웠는데, 이것을 '베이컨의 기획'이라고 부른다.

그런데 이렇게 자연을 지배와 정복의 대상으로 보는 베이컨의 자연관은 근래에 생태주의자들로부터 많은 비난을 받는다. 생태주의자들은 현대사회의 가장 심각한 문제인 환경 파괴, 자원 고갈과 같은 생태학적 위기가 바로 그러한 정복적 자연관에서 비롯되었다고 본다. 그리고 그러한 생태학적 위기 때문에 인류의 생존마저도 위협을 받고 있어서 자연 정복을 통한 인류의 복지 증진이라는 베이컨의 기획은 실패했다고 본다. 생태주의자들은 자연이 그 자체로서 소중한 가치를 지니기 때문에 우리가 함부로 자연을 개발하거나 훼손해서는 안 된다고 주장한다. 자연은 지배나 정복의 대상이 아니라 우리 인간이 더불어 살아가야 할 소중한 존재라는 것이다. 따라서 자연을 단지 인간을 위한 수단이나 도구로서만 대하던 태도를 버리고 자연 그 자체가 고유한 목적과 가치를 지닌 것으로 대해야 한다는 것이다. 책상 앞에 "아는 것이 힘이다"라는 베이컨의 명언을 자랑스럽게 적어놓은 사람들은 생태주의자들의 그러한 비판을 듣고서 그 문구를 지워야 할지 고민해야 할 것이다.

낡은 생각들이 학문의 진보를 가로막는다

베이컨은 인류의 복지 증진을 위해서는 새로운 발명이나 기술 개발에 힘을 쏟아야 하며, 이를 위해서는 실용적 학문을 발전시키는 것이 매우 중요하다고 본다. 그리고 이렇게 자연을 지배하고 활용하기 위해서는 자연의 법칙과 원리를 파악할 수 있어야 한다고 말한다. 즉 자연에 대한 객관적 인식을 바탕으로 과학기술과 같은 학문을 진보시켜야 한다는 것이다. 그런데 베이컨은 이러한 학문의 진보가 낡은 생각이나 잘못된 학문들 때문에 가로막혀 있다고 본다.

> 자연을 이미 모두 탐구했다는 듯이 주장하는 사람들은, 그런 주장이 자기기만이나 야망 또는 전문가적 습관에서 나온 것이든 아니든 간에 철학과 과학에 커다란 해악을 끼쳤다. 왜냐하면 그들은 다른 사람들을 회유해 탐구를 방해하거나 저지

서재에서 연구하는 베이컨.

시키는 데 영향을 끼쳤으며, 다른 사람들의 노력을 망치거나
중단시킴으로써 자신들이 이룩한 성과보다 더 많은 해악을
낳았기 때문이다. 다른 한편으로 이와 반대의 길을 가면서 아
무것도 알 수 없다고 주장한 사람들도 역시 그 출발부터 잘못
되었다.(서문)

베이컨은 자신의 학설만이 진리라고 고집하는 '독단론'이
자연에 대한 새로운 탐구를 막는다고 비판한다. 독단론은 자연

을 다양한 측면에서 깊이 있게 탐구하지 않고 "항상 성급하게 결정을 내려서 과학을 자의적이고 거만하게"(1권 67장) 만든다. 따라서 독단론은 자연에 대한 객관적 탐구를 가로막기 때문에 학문 진보에 장애가 된다는 것이다. 또한 베이컨은 우리가 자연의 법칙이나 원리를 아예 인식할 수 없다고 주장하는 '회의론'도 자연에 대한 진지한 탐구를 가로막는 장애가 된다고 비판한다. 절대적 진리를 인식했다고 주장하면서 새로운 연구를 막는 독단론도 문제지만, 이와 반대로 진리를 인식할 수 없다고 주장하면서 아무런 목표도 세우지 않는 회의론도 문제라는 것이다.

베이컨은 특히 절대적 진리를 발견한 것처럼 주장하면서 새로운 학문적 탐구를 방해하는 독단적 태도를 강하게 비판한다. 이러한 독단적 태도는 '성급한 예단'과 '낡은 논리학'에 기초하기 때문에 자연을 객관적으로 인식하는 데 장애가 된다. 베이컨은 성급한 예단과 낡은 논리학이야말로 학문의 진보를 가로막는 결정적 원인이라고 주장한다. 우선 '성급한 예단'에 대해 살펴보자.

나는 우리들이 자연에 대해 적용하는 추론을 '자연에 대한 예단(anticipation)'이라고 부른다. 왜냐하면 그것이 성급하고 미

숙하기 때문이다. 이에 비해 사물로부터 적절하게 추론된 것
은 '자연에 대한 해석(interpretation)'이라고 부른다.(1권 26장)

   '자연에 대한 예단'은 자연을 충분하게 관찰하지 않고 몇
가지 사례만을 근거로 성급하게 결론을 내리는 태도를 가리킨
다. 따라서 이러한 결론은 진리가 아니라 추측에 불과하다고
할 수 있다. 이에 비해 '자연에 대한 해석'은 자연을 충분히 관
찰하고 실험을 하며 적절한 방법을 사용해 결론을 내리는 태
도를 가리킨다. 따라서 이러한 태도를 취할 때 학문은 객관적
지식을 얻을 수 있다. 그런데 기존의 학문은 예단이나 추측에
의존하기 때문에 자연에 대한 객관적 지식을 얻지 못하고 오
류나 편견만을 낳는다. 베이컨은 이러한 오류나 편견을 가리켜
'우상'이라고 비판한다.
   다음으로 '낡은 논리학'에 대한 비판을 살펴보자.

   상황이 매우 나쁘기 때문에 지금은 그런 논리학으로 문제를
해결할 수 없다. 정신은 일상생활에서의 교류를 통해 잘못된
학설에 사로잡혀 있으며 헛된 우상에 포위되어 있다. 그러므
로 그런 논리학으로는 문제를 해결하기에 너무 늦었으며 진
리를 밝히기보다는 오히려 오류를 심화하고 있다.(서문)

학문의 진보가 느린 이유

베이컨은 학문의 진보가 느린 이유 중 하나는 자연과학에 대한 관심 부족이라고 본다. 그 당시까지 대부분의 학문은 도덕철학, 정치, 신학 등에만 관심을 기울였으며 자연에 대한 탐구는 뒷전으로 밀어두었다. 그런데 베이컨은 "자연철학은 모든 학문의 위대한 어머니로 간주되어야 한다"(1권 79장)라고 말하면서, 학문이 인류의 복지 증진에 기여하려면 이러한 자연철학, 즉 자연과학을 발전시켜야 한다고 주장한다.

베이컨은 기존의 '낡은 논리학'이 학문의 진보를 가로막는다고 주장한다. 이때 낡은 논리학이란 무엇일까? 그것은 바로 아리스토텔레스의 논리학을 가리킨다. 아리스토텔레스는 학문이 진리를 탐구하기 위해서는 '연역법'을 사용해야 한다고 말한다. 그런데 베이컨은 이러한 연역법이 자연에 대한 새로운 객관적 지식을 가져다주지 않고 오히려 자연에 대한 오류와 편견을 심화시키는 역할을 한다고 본다. 그래서 베이컨은 학문의 진보를 위해서는 '새로운 논리학'을 학문의 방법으로 삼아야 한다고 주장하는데, 그것이 바로 '귀납법'이다. 연역법과 귀납법이 무엇인지에 대해서는 뒤에서 자세하게 살펴보겠다.

이처럼 베이컨은 '자연에 대한 예단'과 '낡은 논리학'이 독단적 태도를 강화함으로써 학문의 진보를 가로막는다고 본다. 그래서 베이컨은 학문의 진보를 위해서는 이 두 가지를 타파해야 한다고 주장한다. 학문의 진보를 위해서는 독단이나 단순한 논쟁이 아니라 "행동으로 자연을 정복하려는 사람"(서문)이 요구되며, 따라서 관찰과 실험을 통해 새로운 발견을 시도하는 도전 정신이 절대적으로 필요하다고 베이컨은 말한다.

우상론: 우리는 어떤 편견에 사로잡혀 있는가

'우상'이란 무엇일까

'우상'이라는 말의 의미는 무엇일까? '우상'이라는 말은 영어로 'idol'인데 이것은 일상생활에서 여러 의미로 사용된다. '10대들의 우상', '젊은이들의 우상', '민중의 우상'이라는 말을 들어본 적이 있을 것이다. 이때 우상은 존경이나 숭배의 대상이 되는 사람을 가리킨다. 그런데 '우상'에는 다른 의미도 있다. 예를 들면 기독교에서는 하느님 이외의 다른 신이나 물건을 숭배할 때 그것을 우상이라고 비판한다. 그래서 다른 종교를 비판할 때 "우상을 타파하자!"는 말을 종종 사용한다. 이때 우상은 미신의 대상이 되는 존재를 가리킨다.

그렇다면 베이컨이 '우상론'에서 말하는 우상의 의미는 무엇일까? 우선 베이컨의 말을 직접 들어보자.

> 지금까지 인간의 지성을 차지하면서 거기에 깊숙이 자리를 잡고 있는 우상과 잘못된 관념들은 인간의 정신을 완전히 포위해 인간의 정신이 진리에 접근하는 것을 어렵게 만든다. 또한 인간의 정신이 진리에 접근하는 것이 허용된다고 할지라도 사람들이 가능한 한 미리 주의해 그런 우상들로부터 자신을 보호하지 않는다면, 우상들이 나타나서 그러한 과학의 부흥을 막을 것이다.(1권 38장)

베이컨이 말하듯이 우상이란 인간의 정신을 혼란스럽게 만듦으로써 우리가 진리에 도달하는 것을 가로막는 잘못된 생각이다. 우상이란 우리가 올바른 지식을 획득하는 것을 가로막는 장애물이라고 할 수 있다. 우리가 사물을 있는 그대로 관찰하지 못하는 것은 우리에게 편견이나 선입견이 있기 때문이다. 편견이나 선입견은 우리가 사물을 관찰하기 전에 미리부터 갖는 잘못된 생각들이다.

예를 들면 철수의 아버지가 범죄자이니까 철수도 나쁜 아이라고 생각할 수 있다. 그러나 이것은 편견이다. 아버지가 범죄자라고 해서 그의 아들까지 나쁜 사람이라고 볼 수는 없기 때문이다. 철수가 나쁜 아이인지 그렇지 않은지를 판단하려면 철수의 행동을 오랫동안 관찰해보아야 한다. 철수의 행동을 관찰하기도 전에 철수가 나쁜 아이라고 미리 단정하는 것은 옳지 않다. 우리는 그런 선입관을 버려야 한다. 그래야 철수의 행동을 제대로 평가할 수 있다. 편견이나 선입견을 미리 가지면 사람이나 사물을 제대로 볼 수 없다.

이처럼 우상이란 사물에 대한 객관적 인식을 가로막는 편견이나 선입견을 가리킨다. 그래서 베이컨은 사물을 있는 그대로 관찰해 올바른 지식을 얻기 위해서는 이러한 우상을 타파해야 한다고 주장한다. 기존의 잘못된 학문을 개혁해 올바른 학문을 세우기 위해서는 우리가 이러한 우상에 빠지지 않도록 노력해야 한다는 것이다. 베이컨의 지적처럼 우리들 자신도 이러한 우상을 가질 수 있다. 각자 자신의 삶을 되돌아보면서 우리가 어떤 편견이나 선입견에 사로잡혀 있는지 성찰해보아야 한다.

베이컨은 이러한 우상들을 찾아내는 것이 매우 유익한 일이며, 우상에 대한 연구가 자연을 이해하고 해석하는 데 크게 도움이 된다고 말한다. 즉 우리가 쉽게 빠지는 우상들을 연구해 이를 타파할 수 있다면 자연을 과학적으로 탐구하는 데 많은 도움을 받을 수 있다는 것이다. 그래서 베이컨은 우상의 종류와 내용에 대해 본격적인 연구 작업을 시작한다. 그는 인간들이 흔히 갖게 되는 우상, 즉 편견이나 선입견을 크게 네 종류로 구분한다.

> 인간의 정신을 포위하고 있는 우상에는 네 종류가 있다. 설명을 쉽게 하기 위해 여기에 이름을 붙이도록 하겠다. 첫째는 '종족의 우상(Idola Tribus)'이고, 둘째는 '동굴의 우상(Idola Specus)'이며, 셋째는 '시장의 우상(Idola Fori)'이고, 넷째는 '극장의 우상(Idola Theatri)'이다.(1권 39장)

우리들의 정신이 쉽게 빠지게 되는 우상에는 종족의 우상, 동굴의 우상, 시장의 우상, 극장의 우상이 있다는 것이다. 그런데 이 단어만 듣고서는 그것이 무슨 뜻인지 알기 어렵다. 이제 각각의 우상이 무엇을 의미하는지 하나씩 살펴보자.

종족의 우상, 인간의 잣대로 판단하다

'종족의 우상(Idola Tribus)'에서 괄호 속의 Idola Tribus라고 쓰인 말은 라틴어이다. 라틴어는 고대 이탈리아에서 사용되었던 말로 중세를 거쳐 근대 초까지 학문적 저술에서 널리 사용되었던 언어이다. 라틴어 Idola는 영어로 Idol(우상)이고, 라틴어 Tribus는 영어로 Tribe(종족)이다. 따라서 Idola Tribus는 영어로 Idol of the Tribe이며 '종족의 우상'이라는 뜻이다. 베이컨은 종족의 우상에 대해 다음과 같이 말한다.

> '종족의 우상'은 인간의 본성 그 자체에 그리고 인류라는 종족 속에 깊이 자리를 잡고 있다. 인간의 감각이 만물의 척도라는 주장은 틀렸다. 우리의 감각이나 정신과 같은 우리의 모든 지각은 인간을 반영한 것이지 우주를 반영한 것은 아니다. 인간의 지성은 사물의 빛을 있는 그대로 반영할 수 없는 울퉁불퉁한 거울과 같은 것이며, 그래서 자신의 본성과 자연의 본성을 섞어버림으로써 사물들의 본성을 왜곡하고 훼손한다.(1권 41장)

베이컨의 설명에서 알 수 있듯이 '종족의 우상'이란 인간

인간은 만물의 척도다

고대 그리스의 철학자 프로타고라스(Protagoras)는 "인간은 만물의 척도다"라는 유명한 말을 남겼다. 프로타고라스는 그 당시에 소피스트(sophist)로 명성이 높았다. 소피스트란 흔히 궤변론자로 불리는데, 주로 자신의 지식을 팔거나 재판에서 변론을 맡아 돈을 버는 사람들을 가리킨다. 그런데 소피스트들은 진리를 추구하기보다는 재판에서 이기기 위해 때로는 궤변을 늘어놓기도 해서 궤변론자로 불린 것이다. 그렇다면 프로타고라스가 남긴 그 말의 의미는 무엇일까? 그것은 인간이 만물 중에서 가장 존엄한 존재라는 것이 아니라 인간은 자신들의 관점에서 세상의 사물들을 본다는 것이다. 특히 프로타고라스는 사람들이 자신의 주관적인 감정에 따라 사물을 인식하기 때문에 사물에 대한 객관적인 인식을 할 수 없다고 보았다. 사람들 각자마다 사물에 대한 인식이 다를 수 있으며 따라서 누가 옳고 누가 그른지를 판단할 수 있는 절대적 기준은 없다는 것이다. 바로 이러한 관점을 '상대주의'라고 부른다. 물론 베이컨은 상대주의를 옹호하지 않았기 때문에 프로타고라스의 주장이 틀렸다고 보았다. 베이컨은 그러한 프로타고라스의 견해가 인간들이 흔히 갖게 되는 우상, 즉 종족의 우상을 잘 보여준다고 말한다.

이라는 종족 전체가 일반적으로 가진 편견을 의미한다. 종족의 우상은 인간이 일반적으로 갖는 본성 때문에 발생한다. 인간은 대체로 동물이나 식물과 같은 다른 존재의 관점에서 세상을 보는 것이 아니라 자신들의 관점에서 세상을 보는 경향이 있다. 그래서 인간의 관점에서 자연을 해석하고 이해하려고 한다. 저기에 있는 동물이나 식물의 관점이 아니라 우리 인간의 관점에서 동물의 행동이나 식물의 운동을 이해하려고 한다. 즉 인간 중심적 사고를 한다는 것이다.

베이컨은 인간의 지성이 표면이 거친 거울과 같기 때문에 이러한 종족의 우상을 갖는다고 본다. 표면이 거친 거울은 사물을 있는 그대로 보여주는가 아니면 왜곡된 형태로 보여주는가? 표면이 매끄럽지 못하고 울퉁불퉁한 거울은 물건을 원래대로 보여주는 것이 아니라 울퉁불퉁하게 보여준다. 베이컨은 인간의 지성도 그렇게 울퉁불퉁한 거울의 모습이 될 수 있다고 말한다. 만약 우리 인간들이 울퉁불퉁한 거울과 같은 정신을 갖는다면 우리는 종족의 우상에 쉽게 빠지게 된다.

그렇다면 우리 인간이 자신들이 갖는 본성 때문에 쉽게 빠지는 종족의 우상에는 어떤 것들이 있을까? 이에 대해 베이컨은 여러 가지를 언급하는데 그중에서 몇 가지를 살펴보자.

> 인간의 지성은 그 자체의 본성으로 말미암아 사물에서 발견한 것보다 더 큰 질서와 통일성이 있을 것이라고 미리 생각한다. 자연에 있는 많은 사물들은 각각 고유한 특성을 지니고 있어서 서로 완전히 다름에도 불구하고, 인간의 지성은 거기에는 존재하지 않는 병행, 대응, 관계 등등을 고안한다. '하늘에 있는 모든 천체들은 완전한 원 운동을 한다'는 공상 때문에, 나선 운동이나 뱀과 같은 구불구불한 운동은 완전히 배제된다.(1권 45장)

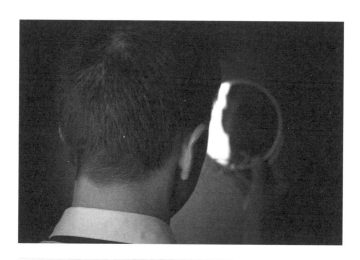

베이컨은 인간이 지닌 편견을 가리켜 '종족의 우상'이라 했다.

인간의 지성은 자연을 관찰할 때 눈에 보이는 것만을 그대로 받아들이는 것이 아니라 그것을 넘어서서 그 배후에 어떤 완전한 질서나 규칙성이 있다고 생각한다. 예를 들면 행성을 비롯한 모든 천체는 지구를 중심으로 완전한 원 운동을 한다고 생각한다. 원은 타원이나 나선에 비해 더 완전하기 때문에 전지전능한 신이 우주를 창조하면서 천체들이 완전한 원 운동을 하도록 만들었다는 것이다.

그러나 이러한 생각은 잘못된 선입견으로 자연에 대한 객관적 관찰을 가로막는다. 이는 관찰과 실험에 근거한 것이 아니라 인간들이 일반적으로 갖는 성향 때문에 생겨난 것이다. 인간은 원 운동과 같이 완전한 것을 선호하는 성향이 있다. 그렇지만 모두가 알고 있듯이 지구를 비롯한 여러 행성들은 원 운동이 아니라 타원 운동을 한다. 케플러가 1605년에 밝혀냈듯이 행성들은 태양을 중심으로 타원 운동을 하고 있다. 케플러는 수백 년 동안 축적된 천문 관측 기록과 자신의 관찰 기록을 분석해 행성들이 타원 운동을 한다는 사실을 알아냈다. 케플러가 이런 위대한 발견을 할 수 있었던 것은 우상, 즉 편견을 버렸기 때문이다.

> 정신의 과도한 행위는 원인을 발견하는 문제에서 훨씬 더 커다란 해악을 끼친다. 우리가 자연에서 볼 수 있듯이 자연에 있는 가장 일반적인 사물들은 독자적으로 존재하며 인과관계를 맺고 있지는 않다. 그럼에도 인간의 지성은 끊임없이 더 커다란 일반적인 것을 추구한다. 이렇게 우리의 지성은 더 멀리 있는 어떤 것에 도달하려고 하지만 오히려 더 가까이에 있는 것, 즉 목적인(final cause)으로 되돌아올 뿐이다. 이러한 목적인은 우주의 본성과 관계가 있기보다는 전적으로 인간의 본성과 관계가 있는 것이며, 그래서 철학을 아주 이상할 정도로 크게 타락시킨다.(1권 48장)

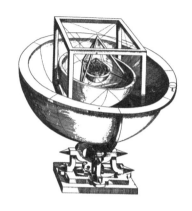
케플러가 제안한 우주 모형.

　여기서 볼 수 있듯이 베이컨은 종족의 우상에 해당하는 또
하나의 사례로 '목적인' 개념을 든다. 베이컨은 '목적인'이 자
연계에 실제로 존재하는 것이 아니라 인간들이 자신의 본성
때문에 만들어낸 잘못된 개념이라고 주장한다. 그렇다면 다소
낯선 개념인 '목적인'이란 무엇일까? '목적인(目的因)'이란 어떤
목적이 원인이 되어 사물들이 운동한다는 것이다. 즉 사물들이
운동하는 원인이 어떤 목적을 달성하기 위해서라는 것이다. 이
해를 돕기 위해 사례를 들어보자. 학생들이 열심히 공부하는
이유는 무엇일까? 대개는 더 좋은 성적을 얻거나 더 좋은 대학
에 입학하기 위해서이다. 아침에 버스나 지하철을 타는 이유는

무엇일까? 물론 학교나 다른 목적지에 가기 위해서이다. 이처럼 우리 인간은 운동을 하거나 행동을 할 때 나름대로 특정한 목적을 달성하기 위해 그렇게 한다. 그래서 이것을 '목적인'이라고 부르는 것이다.

그렇다면 인간뿐만 아니라 자연에 있는 사물들도 이러한 '목적인'을 가질까? 자연도 어떤 목적을 달성하기 위해 움직일까? 예를 들면 저기 화단에서 자라고 있는 꽃도 나름대로 성장의 목적이 있을까? 아니면 외부로부터 영양분을 공급받기 때문에 그런 목적 없이 단지 기계적으로 성장하는 것일까? 베이컨은 자연의 사물들에 특정한 목적이 있다고 보는 것은 잘못된 생각이라고 비판한다. 그런 생각은 인간들이 평소에 특정 목적을 갖고 행동하기 때문에 사물들도 그런 목적을 가질 것이라고 잘못 추측한 데서 생겨났다는 것이다. '목적인' 개념은 인간의 본성 때문에 생겨난 것이지 자연의 사물에는 없다는 것이다. 그래서 이것을 인간의 본성 때문에 발생한 종족의 우상이라고 부른 것이다. 고대 그리스의 아리스토텔레스는 이러한 '목적인'을 강조한 목적론적 세계관을 주장했는데, 베이컨은 그러한 사고방식을 인간들의 편견에 불과하다고 비판한다. 베이컨은 그런 '목적인' 개념을 갖고서는 자연을 있는 그대로 관찰할 수 없다고 본 것이다.

동굴의 우상, 개인적 편견에 갇히다

다음으로 '동굴의 우상'에 대해 알아보자. '동굴의 우상 (Idola Specus)'은 영어로 Idol of the Cave이다. 그런데 왜 동굴이라는 말을 사용했을까? 아마 '동굴'이라는 말만으로 이것이 어떤 종류의 우상인지 알기 어려울 것이다. 우선 베이컨의 말을 직접 들어보자.

> '동굴의 우상'은 개인들 각자에게 특수한 우상이다. 인간의 본성 일반이 공통적으로 가진 오류 이외에도 우리들 각자는 자기 자신의 개인적인 동굴 혹은 밀실을 가지는데, 이러한 동굴은 자연의 빛을 막거나 왜곡시킨다. 그것은 각 개인이 가지는 특수한 개인적 본성 때문이기도 하고, 각 개인이 받은 교육이나 다른 사람에게 들은 이야기 때문이기도 하고, 각 개인이 읽은 책이나 존경하고 숭배하는 사람의 권위 때문이기도 하고, 사물에 대한 서로 다른 인상 때문이기도 하다. 그러므로 인간의 정신은 개인의 기질에 따라 변덕스러우며, 항상 동요하고, 우연에 좌우된다. 그래서 헤라클레이토스는 다음과 같이 적절히 말했다. '인간은 더 넓은 세계나 공통적 세계가 아니라 더 좁은 세계에서 지식을 찾는다.'(1권 42장)

목적론과 인과론

나무가 햇빛을 향해 굽어지면서 자라는 이유는 무엇일까? 이런 현상을 굴광성이라고 하는데 이를 두 가지로 설명할 수 있다. 하나는 나무가 햇빛을 많이 받아 광합성을 활발하게 하기 위해서 굽어진다는 것이며, 다른 하나는 햇빛의 반대편에 있는 생장점이 더 빨리 세포 분열을 해 더 잘 자라기 때문에 굽어진다는 것이다. 앞의 설명 방식은 '목적론적 설명'이라고 하는데, 특정 목적을 달성하기 위해서 운동이나 변화가 일어난다고 보는 것이다. 뒤의 설명 방식은 '인과론적 설명'이라고 하는데, 선행하는 어떤 원인 때문에 운동이나 변화와 같은 결과가 발생한다고 보는 것이다. 베이컨, 갈릴레이, 뉴턴과 같은 근대의 자연과학자들은 대체로 목적론적 설명보다는 인과론적 설명이 더 과학적이라고 주장한다. 그러나 앞에서 보았듯이 자연현상을 인과론적 관점에서뿐만 아니라 목적론적 관점에서도 설명할 수 있기 때문에 인과론적 설명만이 과학적이라고 말할 수는 없다.

여기서 볼 수 있듯이 '동굴의 우상'이란 각 개인의 특수한 기질이나 환경 때문에 생긴 개인적 편견이나 선입견을 가리킨다. 개인들은 서로 다른 기질이나 성격을 가지며, 서로 다른 교육 환경에서 성장했고, 각자가 읽은 책도 서로 다르다. 그래서 세상을 보는 시각도 서로 다른 경우가 많다. 그런데 만약 어떤 사람이 보통 사람들과는 아주 다른 특수한 환경에서 자랐거나 특수한 기질을 가진다면, 그 사람은 보통 사람들과는 다르게 세상을 볼 것이다. 즉 자신만의 특수한 관점에 사로잡혀 주관적으로 세상을 볼 것이다. 그래서 세상에 대해 왜곡되거나 편협한 견해를 갖게 될 것이다. 종족의 우상이 인간들의 보편적 성향 때문에 인간 종족 전체가 갖게 되는 일반적 편견이라면, 동굴의 우상은 각 개인의 특수한 기질이나 환경 때문에 각 개인이 갖게 되는 개인적 편견이다.

우리 속담 중에서 '동굴의 우상'과 비슷한 상황을 일컫는 속담이 있는데 무엇일까? 바로 '우물 안 개구리'다. '우물 안 개구리'는 한자로 '정저지와(井底之蛙)'라고 한다. 어떤 개구리가 태어나서 바깥세상에 한 번도 나가본 적 없이 우물 안에서만 자랐다면, 그 개구리는 하늘의 모습이 어떻다고 말할까? 아마 그 개구리는 하늘이 작은 네모 모양이라고 말할 것이다. 즉 한자 '우물 정(井)'의 모습처럼 작은 네모라고 말할 것이다. 비록 그 개구리는 자기 경험을 바탕으로 자기 눈에 보이는 대로 말했지만 그것은 틀린 말이다. 그렇다면 그 개구리는 왜 하늘의 모습을 그렇게 말했을까? 그것은 바로 그 개구리의 특수한 성장 환경 때문이다. 그 개구리는 넓은 바깥세상을 구경한 적이 없을 뿐만 아니라 그에 대해 지식이나 정보도 갖고 있지 않다. 그래서 자신의 편협한 시각에서 하늘이 작은 네모 모양이라고 말한 것이다.

그렇다면 베이컨은 왜 이러한 종류의 편견을 가리켜 동굴의 우상이라고 했을까? '동굴'이라는 비유는 고대 그리스의 철학자 플라톤에게서 빌려 쓴 것이다. 플라톤은 유명한 저작인

라파엘로의 〈아테네 학당〉에서 플라톤(왼쪽)과 아리스토텔레스(오른쪽).

『국가』에서 동굴에 갇힌 죄수 이야기를 통해 비유적으로 자신의 철학 사상을 말한다. 어떤 지하 동굴이 있는데 그 입구에는 횃불이 있고 깊숙한 곳에는 한 죄수가 묶여 있다. 그 죄수는 어릴 때부터 손발과 목이 묶인 채로 자랐기 때문에 머리를 돌려서 동굴 밖을 볼 수 없고, 오직 동굴 안쪽의 벽만 볼 수 있다. 그래서 다른 사람들이나 동물들이 자신의 등 뒤로 지나가더라도 그것들의 원래 모습을 볼 수 없고, 단지 횃불에 의해 벽에 생긴 그림자만을 볼 수 있다. 그 죄수는 어릴 때부터 그런 상태로 계속 자랐기 때문에 그 그림자를 사물의 참모습이라고 생

아카데미에서 토론하는 플라톤.

각한다. 햇불 아래 밝은 곳에 있는 사물들의 참모습을 한 번도 본 적이 없기 때문에 그림자를 실제 모습이라고 착각한 것이다. 베이컨은 이렇게 동굴에 갇힌 죄수처럼 각 개인은 각자 자신만의 동굴을 가지기 때문에 이로부터 편견이 발생한다고 보았다. 그래서 각자의 특수한 환경 때문에 발생한 편견을 동굴의 우상이라고 부른 것이다.

그렇다면 동굴에 갇힌 죄수 이야기는 그다음에 어떻게 이어질까? 그 죄수는 동굴에서 풀려나 태양이 비치는 바깥세상으로 나간다. 그는 처음에는 눈이 부셔서 사물들을 보는 데 고통을 겪는다. 그러나 그러한 고통을 참으면서 포기하지 않았으며 그래서 밝은 태양 아래에 있는 사물들의 참모습을 보게 된다. 그러한 후에 불쌍한 동료들이 떠올라서 어두운 동굴 속으로 되돌아가 그들에게 바깥세상의 진짜 모습을 진지하게 이야기해준다.

여기서 동굴 속의 벽에 비친 그림자는 감각을 통해 인식된 불완전한 현실 세계를 비유한 것이며, 태양 아래에 있는 사물은 이성을 통해 인식된 완전한 이데아의 세계, 즉 진리의 세계를 비유한 것이다. 그리고 동굴 속에 갇힌 죄수는 일반 사람들을 가리키며, 동굴을 먼저 빠져나와 바깥세상에서 사물의 참모습을 본 다음에 다시 동굴로 들어가 죄수들에게 진리를 가르치는 사람은 철학자를 가리킨다.

이처럼 동굴의 우상은 각 개인에게 있는 자신만의 동굴 때문에 발생하는 편견으로서 이러한 동굴은 사물의 참모습을 보여주는 자연의 빛을 차단하거나 약화시킨다. 그렇다면 이러한 동굴의 우상은 어떤 경우에 생겨날까? 베이컨은 이렇게 말한다.

'동굴의 우상'은 주로 다음과 같은 경우에 발생한다. 과거에 지각된 관념들로부터, 종합과 분석 중에서 어느 하나를 너무 강조하는 것으로부터, 특정 시대에 치우치는 것으로부터, 탐구 대상이 너무 크거나 작은 것으로부터 동굴의 우상이 발생한다. 따라서 일반적으로 말한다면 자연을 연구하는 사람은 자신의 지성을 유혹해 사로잡는 모든 것들을 의심해보아야 하며, 그런 이론들에 대해 더 많은 주의를 기울여야 한다. 그래야 자신의 지성이 공정성과 순수함을 유지할 수 있다.(1권 58장)

베이컨은 우리가 특정한 연구 방법에 치우치거나 특정 시대나 특정 인물에 치우칠 경우에 동굴의 우상에 빠질 수 있다고 본다. 예를 들면 연구 방법에서 사물들의 차이점만을 찾으려고 하거나 반대로 공통점만을 찾으려고 한다면 사물들의 참모습을 볼 수 없다. 또한 사물들을 지나치게 세분화해 분석하거나 반대로 사물들을 지나치게 전체적으로 종합하는 데 치중한다면 마찬가지로 사물들의 참모습을 볼 수 없다. 그리고 진리는 특정한 시대만이 누리는 특권이 아닌데도 특정한 시대만을 지나치게 좋아한다면 진리를 볼 수 없다. 그래서 베이컨은 이러한 동굴의 우상에서 벗어나기 위해서는 자신이 특정한 방법이나 특정한 시대에 지나치게 편향되어 있지 않은지 스스로 반성해야 한다고 말한다.

동굴의 우상을 타파하려면 우리는 어두운 동굴 속을 벗어나서 태양이 밝게 비치는 바깥세상으로 나와야 한다. 개구리는 좁은 우물에서 탈출해 넓은 세상을 보아야 한다. 다양한 경험을 통해 풍부한 지식과 정보를 얻어야 한다. 그리고 자신의 관점에만 얽매이지 말고 다른 사람의 관점에서도 세상을 볼 수 있어야 한다. 즉 역지사지(易地思之)의 태도를 가져야 한다. 그래야 동굴에 갇혔던 죄수도 사물들의 참모습을 볼 수 있고, 우물 속 개구리도 하늘이 넓고 둥글다는 것을 알 수 있다.

시장의 우상, 언어의 혼란에 빠지다

다음으로 '시장의 우상'에 대해 살펴보자. '시장의 우상(Idola Fori)'이란 영어로 Idol of the Market이다. 이 우상은 물건을 거래하는 '시장'과 관련되어 있을 것 같은데, 이 용어만으로는 시장의 우상이 무엇인지 추측하기 어렵다. 그럼 베이컨의 말을 직접 들어보자.

인간들 사이의 교류와 만남에서 생기는 우상이 있는데, 나는 그것을 '시장의 우상'이라고 부른다. 왜냐하면 시장에는 상거래와 만남이 있기 때문이다. 언어는 인간들 사이의 교류 수단이지만 평범한 지성의 수준에 맞추어 사용된다. 그래서 결과적으로 언어가 잘못 쓰이거나 부적절하게 사용된다면 이것은 분명하게 정신을 방해한다. 학자들은 때때로 언어에 대한 정의나 설명으로 자기 자신을 보호하고 방어하는 데 익숙하지만, 이러한 정의나 설명도 어쨌든 문제 상황을 개선하지는 못한다. 정말로 언어는 분명히 지성에 폭력을 가하고, 모든 것을 혼란스럽게 만들며, 사람들을 수많은 헛된 논쟁과 허구로 이끈다.(1권 43장)

베이컨의 말에서 알 수 있듯이 '시장의 우상'이란 대화를 하는 과정에서 발생하는 우상으로서 잘못된 언어 사용 때문에 생긴 편견이다. 시장의 우상은 우리가 언어를 정확하게 사용하지 않고 애매하게 사용할 때 발생하는 편견이나 오류이다. 그렇다면 왜 여기에 '시장'이라는 말을 붙였을까? 베이컨의 말 속에 약간의 힌트가 있다. 요즘 시장은 주로 물건을 사고파는 장소를 가리킨다. 그러나 예전에는 시장이 단지 물건을 사고파는 장소에 그쳤던 것이 아니라 서로 다른 지역에 사는 사람들이 만나서 이야기를 나누고 정보를 주고받던 장소이기도 했다. 즉 시장이란 사람들 사이의 만남과 교제가 이루어지던 공간이었다. 그리고 거기서는 물건을 거래하거나 의사소통을 하기 위해 반드시 언어를 사용할 수밖에 없다. 시장은 언어 사용과 밀접한 연관이 있는 것이다. 그래서 베이컨은 잘못된 언어 사용 때문에 발생하는 편견을 시장의 우상이라고 부른 것이다.

베이컨은 잘못된 언어 사용이 우리의 지성에 혼란을 일으키고 헛된 논쟁을 낳으며 오류를 범하도록 만든다고 주장한다. 그렇다면 언어가 어떻게 편견이나 선입견을 갖게 만들까? 베이컨의 말을 들어보자.

> '시장의 우상'은 모든 우상들 중에서 가장 귀찮은 우상이다. 이것은 언어나 명칭과 결합해 지성으로 교묘히 들어오는 우상이다. 사람들은 자신의 지성이 언어를 지배한다고 믿지만, 실제로는 언어가 반작용을 가해 지성에 영향력을 미치며, 그래서 철학과 과학을 궤변적이며 수동적으로 만든다.(1권 59장)

우리는 흔히 인간의 지성이나 사고가 언어를 지배한다고 말한다. 언어는 우리의 사고를 다른 사람들에게 전달하기 위한 수단에 불과하기 때문에 언어 자체는 독자적인 힘이 없다고 본다. 즉 언어가 우리의 지성이나 사고에 별다른 영향을 끼치지 않는다는 것이다. 그런데 베이컨은 이러한 생각이 잘못되었다고 주장한다. 때로는 언어가 우리의 지성이나 사고에 영향을 끼치는 경우도 있다는 것이다. 우리가 어떤 언어를 사용하느냐에 따라 우리의 사고방식도 달라질 수 있다. 언어가 단지 사고의 전달 수단에 그치는 것이 아니라 오히려 사고 자체에도 영향을 주는 적극적 역할을 하기도 한다. 이러한 입장을 현대 언어학이나 언어철학에서는 '언어 결정론'이라고 부른다.

"어휘력이 풍부해야 생각도 깊어진다"는 말을 들어본 적이 있을 것이다. 생각이 깊어야 어휘력이 풍부해지는 것이 아니라 어휘력이 풍부해야 생각이 깊어진다는 말이다. 얼마나 많은 어휘나 개념을 아느냐에 따라 생각의 깊이에서도 차이가 발생한다는 것이다. 이처럼 언어는 사고에 영향을 미친다. 언어가 사고의 틀을 형성시켜주기 때문에 언어 없이는 사고도 할 수 없다. 물론 이러한 '언어 결정론'의 입장이 옳지 않다고 비판하는 사람들도 있다. 하여튼 베이컨은 언어가 지성이나 사고에 영향을 준다고 보았기 때문에, 잘못된 언어 사용은 우리의 지성과 사고에 혼란을 일으킨다고 주장한 것이다.

그렇다면 이러한 잘못된 언어 사용으로 발생하는 우상에는 구체적으로 어떤 것들이 있을까? 베이컨은 시장의 우상을 크

사피어-워프 가설, 언어가 사고를 결정한다

우리는 흔히 언어를 의사소통의 도구로 간주한다. 사고가 먼저 존재하고 언어는 그러한 사고를 전달하기 위한 수단이라는 것이다. 그런데 사피어(E. Sapir)와 워프 (B. L. Whorf)는 언어가 단순한 의사소통의 도구를 넘어서 사고 자체에 영향을 미친다고 주장한다. 우리가 사고하기 위해서는 언어가 필요하며, 따라서 어떤 언어를 사용하느냐에 따라 사고도 달라진다는 것이다. 즉 언어의 틀이 사고의 틀을 규정한다는 것이다. 이러한 언어 결정론의 입장을 사피어-워프 가설이라고 한다. 예를 들어 남태평양의 원주민들은 바다의 색깔을 수십 가지로 구분하는 언어를 갖고 있어서 실제로 바다색을 그렇게 세밀하게 구분할 수 있으며 이를 실생활에 활용한다는 것이다.

게 두 종류로 구분해 설명한다.

> 언어가 지성에 강요하는 우상에는 두 종류가 있다. 하나는 존재하지 않는 사물들에 대한 이름들이다. (아직 발견되지 않아서 이름이 없는 사물이 있듯이, 마찬가지로 공상적인 추측 때문에 이름은 있지만 그에 해당하는 사물이 존재하지 않는 경우도 있다.) 다른 하나는 존재하는 대상에 대한 이름이지만, 사물로부터 그릇되게 서둘러 이끌어냄으로써 혼란스럽고 애매하게 붙여진 이름들이다. 첫 번째 종류에 속하는 이름으로는 '행운', '최초의 동자', '행성 천구', '원소 불' 그리고 이와 같은 종류의 다른 공상 등이 있는데, 이것들은 근거 없는 잘못된 학설의 산물이

다. 이런 종류의 우상은 더 쉽게 제거될 수 있다. 왜냐하면 그런 잘못된 학설을 지속적으로 부정하고 거부함으로써 그런 이름들은 타파되기 때문이다. 그러나 두 번째 종류에 속하는 이름들은 애매하며 또한 깊이 자리를 잡는데, 이것들은 세련되지 못한 틀린 추상으로부터 이끌어낸 것들이다. 예를 들어 '습하다'와 같은 단어를 살펴보면, 이 단어가 의미하는 사물들은 서로 일치하지 않고 거리가 있다. '습하다'는 말은 서로 다른 행위를 혼란스럽게 표시해줄 따름이며, 어떤 일관성 있는 의미를 이끌어내지 못하도록 한다.(1권 60장)

우리는 이름만 있을 뿐 그것에 해당하는 사물이 실재하지 않는 것에 대해서도 때로는 논쟁을 벌인다. 그러나 베이컨은 이러한 논쟁은 잘못된 언어 사용 때문에 발생한 것으로 쓸데없는 논쟁이라고 말한다. 앞에서 베이컨이 사례로 든 '최초의 동자'에 대해 살펴보자. 이것은 무슨 말일까? 아마 외국어를 번역하다 보니 좀 어려운 말이 된 것 같다. '동자(動者)'란 말 그대로 '움직이는 존재나 사물'이라는 뜻이다. 따라서 '최초의 동자'는 '최초로 움직이는 존재나 사물'을 의미한다. 그렇다면 이것이 왜 문제가 된다는 것일까?

어떤 사람들은 모든 사물들이 인과적인 연결 관계를 맺는다고 생각한다. 즉 모든 사물들이 원인과 결과의 관계로 연결되어 있다고 본다. 사물 A가 운동한다면 이러한 운동을 일으킨 사물 B의 운동이 있어야 하고, 사물 B가 운동하려면 이러한 운동을 일으킨 사물 C의 운동이 있어야 한다. 이러한 원인과 결과의 연쇄 관계는 계속 이어진다.

$$ⓐ ← ⓑ ← ⓒ ← ⓓ ← ⓔ ← …… ⓧ$$

따라서 이러한 연쇄 관계를 계속 추적하다 보면 최초의 운동을 일으킨 그 무엇이 필요하다. 앞의 도식에서 볼 수 있듯이 사물 X가 필요하다. 이것은 최초로 운동하는 사물이기 때문에, 외부의 다른 힘에 의해 운동하는 것이 아니라 자신의 힘에 의해 스스로 운동해야 한다. 이것을 자기 원인에 의한 운동이라고 한다. 이렇게 스스로 움직이는 사물은 이제 다른 사물들의 운동을 일으키는 원인으로 작용한다. 이처럼 최초로 스스로 움직이면서 다른 사물들의 운동의 원인으로 작용하는 사물이나 존재를 가리켜 '최초의 동자'라고 한다.

그래서 이러한 '최초의 동자'가 무엇인지, 어떤 모양이나 성질을 지니는지를 둘러싸고 많은 논쟁이 벌어졌다. 그러나 베이컨이 보기에 이것은 공허한 논쟁이다. '최초의 동자'는 이름만 있을 뿐이고 실제로는 존재하는 것이 아니므로 그것의 모양이나 성질에 대해 논쟁을 벌이는 것은 쓸데없기 때문이다. 그래서 베이컨은 그러한 용어의 배경이 된 이론이 허구적이라는 것을 밝힌다면 그러한 공허한 용어는 사라질 것이라고 말한다.

만약 세계의 모든 사물들이 인과적으로 서로 연결되어 있지 않다면 '최초의 동자'에 대한 이야기는 쓸데없는 논쟁이 된다. 또는 모든 사물들이 항상 운동을 하면서 자기의 운동 상태를 유지하려는 성질을 가진다면, 마찬가지로 '최초의 동자'에 대한 논쟁은 쓸데가 없다. 어떤 사물이 운동을 하기 위해서는 그러한 운동의 원인이 되는 외부의 다른 사물이 존재해야 할 필요가 없기 때문이다.

좀 쉬운 예를 살펴보자. 우리는 '귀신'이라는 이름에 해당하는 어떤 존재가 실재한다고 생각해 귀신과 관련된 여러 논쟁을 벌이기도 한다. 귀신의 모습이 어떻게 생겼느니, 귀신이 어떤 말을 했느니 하면서 서로 이야기를 나눈다. 그러나 이것은 공허한 이야기다. '귀신'이라는 말에 해당하는 어떤 사물이 존재하는 것은 아니기 때문이다. 이 세상에 없는 것에 대해 논쟁하는 것은 쓸모없는 논쟁이며 이것은 단지 우리의 지성을 혼란에 빠뜨릴 따름이다.

그리고 어떤 용어에 해당하는 것이 실재하기는 하지만 잘 못된 정의로 인해서 혼란이 발생하는 경우도 있다. 베이컨은 그런 사례로 '습하다'는 말을 든다. 우리말에서 '습하다'는 '축축한 기운이 있다'는 의미로 사용되기 때문에 별문제가 없지만, 라틴어로 'humidus(습하다)'는 다음과 같은 다양한 의미로 사용되기 때문에 혼란이 발생한다는 것이다. '습하다'는 말은 '축축하게 만듦', '쉽게 다른 물체로 확산됨', '고정된 형태를 가지지 않음', '쉽게 움직임' 등 다양한 의미로 사용된다. 이렇게 '습하다'는 말은 공통점이 없는 여러 작용을 일관성 없이 가리킴으로써 우리의 사고에 혼란을 일으킨다는 것이다. 따라서 잘못된 언어 사용 때문에 발생하는 이러한 '시장의 우상'을 타파하기 위해서는 개념이나 용어를 정확하게 사용할 필요가 있다.

극장의 우상, 권위에 사로잡히다

이제 마지막으로 '극장의 우상'에 대해 살펴보자. '극장의 우상(Idola Theatri)'은 영어로 Idol of the Theater이다. 이것은 연극을 공연하는 '극장'과 관련된 것 같은데, 이 용어만으로 그것이 무엇인지 추측하기가 어려울 수 있다. 그럼 베이컨의 말을 직접 들어보자.

> 다양한 철학의 독단과 잘못된 설명 방법 때문에 인간의 마음에 교묘히 들어온 우상이 있는데, 이것을 나는 '극장의 우상'이라고 부른다. 나는 지금까지 인정되고 있거나 만들어진 모든 철학들을 공상적, 상상적 세계를 만들어내는 여러 각본으로 간주한다. 나는 단지 현재의 철학이나 고대 철학 및 그 학파들에 대해서만 말하고 있는 것은 아니다. 왜냐하면 이와 똑같은 종류의 수많은 다른 각본들이 여전히 만들어질지도 모르기 때문이다. 매우 다양한 실수들이 때때로 비슷한 원인 때문에 발생하기도 한다. 이런 문제는 단지 보편적 철학에만 해당하는 것이 아니라, 과학의 많은 원리나 공리에도 또한 해당한다. 왜냐하면 그것들은 전통과 경솔함, 게으름에서 비롯되었기 때문이다.(1권 44장)

베이컨은 잘못된 철학 이론이나 잘못된 증명 방법 때문에 생긴 편견을 '극장의 우상'이라고 말한다. 이것은 오랫동안 진리로 간주해온 권위 있는 학설이나 유명한 사상가 때문에 발생한 편견과 선입견을 가리킨다.

그렇다면 왜 이러한 종류의 우상에다가 '극장'이라는 말을 붙였을까? 우리가 잘 알고 있듯이 '극장'은 연극이 공연되는 곳이다. 그리고 연극이 공연되기 위해서는 배우, 무대, 관객 이외에도 극본이 필요하다. 좋은 연극이 되기 위해서는 좋은 극본이 있어야 한다. 그런데 좋은 극본은 그 구성이 아주 치밀하게 잘 짜여 있어서 실제 현실처럼 상당히 그럴듯하게 보인다. 그래서 그러한 좋은 각본을 바탕으로 만들어진 연극은 그것이 문학적 허구인지 아니면 실제 현실인지를 분간하기 어렵게 만든다. 그런 연극을 보고 있는 관객들은 거기에 몰입해 그것을 실제 현실로 착각하기도 한다. 이와 마찬가지로 오랫동안 권위와 명성을 누린 잘못된 학설이나 사상가들도 상당히 그럴듯한 이론을 만들어 사람들로 하여금 그것을 진리로 착각하게 만든다. 권위 있는 그럴듯한 이론이 연극에서의 각본과 같은 역할을 한다는 것이다.

> 사상가가 만든 이러한 종류의 환상적 이야기는 시적 드라마와 그러한 점을 공유한다. 그래서 각본은 역사로부터 이끌어낸 참된 설명보다 더 깔끔하고, 더 기품 있고, 더 바람직하다.(1권 62장)

그래서 베이컨은 이러한 종류의 오류나 편견에다 '극장의 우상'이라는 말을 붙인 것이다. '극장의 우상'은 일종의 '권위에 호소하는 오류'라고 할 수 있다. 어떤 이론이나 주장이 사실인지 거짓인지를 따져보지도 않고 그것을 주장한 사상가의 권위나 명성을 들먹이면서 그것을 진리로 간주하는 경우가 바로 이러한 오류에 해당한다. 예를 들어보자. '그 이론은 유명한 학자인 아리스토텔레스가 주장했기 때문에 참일 것이다.' 과연 이러한 판단은 타당할까 아니면 부당할까? 물론 이것은 부당하다. 어떤 이론이 참인지 거짓인지를 판단하려면 그것을 누가 주장했는지가 아니라, 관찰과 실험을 통해서 그것의 진위를 확인하는 일이 중요하다.

이러한 극장의 우상을 잘 보여주는 널리 알려진 이야기가 있다. 피사의 사탑에 대해 들어본 적이 있을 것이다. 이 탑에서 낙하 실험을 했던 유명한 과학자는 누구일까? 바로 근대 이탈리아의 과학자 갈릴레이다. 고대 그리스의 철학자 아리스토텔레스는 무거운 물체가 가벼운 물체보다 더 빨리 떨어진다고 주장했다. 어떤 물체가 다른 물체보다 100배 무거우면 그 물체는 100배 빨리 떨어진다는 것이다. 고대부터 15세기까지 대부분의 과학자들은 이런 주장을 아무런 의심 없이 받아들였다. 아리스토텔레스는 서양에서 고대부터 중세까지 거의 2,000년

동안 사상적으로 커다란 영향력을 발휘했는데, 그가 지닌 이러한 학문적 권위 때문에 다른 사람들은 그의 학설에 별다른 의문을 제기하지 않았다. 즉 극장의 우상에 사로잡혀 있었던 것이다.

그렇지만 근대로 접어들면서 상황은 크게 바뀌게 된다. 지동설을 주장한 코페르니쿠스, 행성의 타원 운동을 주장한 케플러, 실험과 관찰을 강조한 베이컨, 수학적 방법을 강조한 데카르트 등이 등장하면서 아리스토텔레스의 학설은 거짓으로 밝혀지고, 그 결과 중세를 지탱했던 기독교적 세계관도 점차 무너진다. 이른바 근대의 '과학 혁명'이 시작된 것이다. 갈릴레이의 낙하 실험도 이러한 시대적 흐름 속에서 이루어졌다.

이 실험과 관련해 전해오는 이야기는 다음과 같다. 1590년 어느 날 갈릴레이는 피사 사탑의 나선 계단을 올라가 7층 난간으로 나갔다. 그는 크기가 서로 다른 쇠공 두 개를 갖고 있었는데, 하나는 무게가 10파운드이고 다른 하나는 1파운드였다. 하나가 100파운드, 다른 하나는 1파운드였다는 주장도 있다. 그는 복도에서 몸을 내밀어 아래에 있는 수많은 구경꾼들을 굽어보았다. 거기에는 피사대학의 교수, 학생, 성직자도 섞여 있었다. 구경꾼들은 갈릴레이의 주장이 오랫동안 받아들여온 학설에 어긋나기 때문에 그 실험이 당연히 실패할 것이라고 생

갈릴레이와 피사의 사탑

피사의 사탑(Leaning Tower of Pisa)은 이탈리아 중부에 위치한 피사 성당의 종탑이다. 사탑(斜塔)은 '기울어진 탑'이라는 의미를 지니고 있다. 이 탑은 1174년에 착공되었으며 높이는 56미터이고 7층에 종루가 있는데, 지반이 약해서 탑의 꼭대기가 5미터 정도 기울어져 있다. 붕괴 위험 때문에 지반을 강화하기 위해 여러 방안을 시도하고 있다. 갈릴레이가 낙하 실험을 했다는 이 사탑을 보기 위해 세계 각국에서 수많은 관광객들이 방문하고 있는데, 사탑에 오르기 위해서는 꽤 비싼 입장료를 지불해야 한다.

각했다. 젊은 갈릴레이가 선배 학자들을 반박하기 위해 사탑을 천천히 올라가자 이에 분노해 투덜거리는 구경꾼들도 있었다. 갈릴레이는 난간 끝에 쇠공 두 개를 얹은 다음에 동시에 떨어뜨렸다. 그런데 쇠공 두 개가 공중에서 나란히 떨어져 동시에 땅에 닿았다. 쇠공이 땅에 떨어지는 소리는 한 번밖에 들리지 않았다. 구경꾼들은 깜짝 놀랐다. 그동안 자신들이 철석같이 믿어왔던 학설이 무너지는 순간이었기 때문이다.

그렇다면 이러한 극장의 우상에는 어떤 것들이 있을까? 베이컨은 극장의 우상을 크게 세 가지로 분류해 설명한다.

대체로 철학은 약간의 사물들로부터 너무 많은 자료를 이끌어내거나 또는 많은 사물들로부터 단지 약간의 자료만을 이

갈릴레오 갈릴레이와 피사의 사탑.

끌어내며, 그래서 어느 쪽이 되었든지 간에 철학은 너무 좁은 경험과 자연사를 토대로 세워졌고, 매우 적은 사례들의 권위에 의존해 판단을 내린다. 이성론(합리론) 철학자들은 경험으로부터 얻은 여러 일상적 사례들을 꽉 붙잡아 적절히 검토하지도 않으며 또한 철저하게 검사하거나 고찰해보지도 않는다. 그리고 그 이외의 모든 것들은 정신의 사색이나 논의에 내맡긴다. 다른 부류의 철학자들도 있다. 이들은 약간의 실험에 매우 많은 주의와 관심을 기울인 다음에 그것들로부터 철학을 고안하거나 만들어내려고 하며, 그래서 그 이외의 모든

쇠공의 낙하 속도

10배의 무게 차이가 있는 크기가 서로 다른 두 쇠공은 정말로 동시에 땅에 떨어질까? 사실 그렇지는 않다. 공기의 저항이 없는 진공 상태에서는 중력의 힘 때문에 두 쇠공이 동시에 떨어지지만, 공기의 저항이 있는 보통 상태에서는 10파운드의 쇠공이 1파운드의 쇠공보다 조금 빨리 떨어진다. 10파운드의 쇠공이 1파운드의 쇠공보다 질량에 대한 표면적의 비율이 더 작아서 공기 마찰을 더 적게 받기 때문이다. 물론 낮은 곳에서 떨어뜨릴 때는 속도 차이가 아주 작아서 거의 동시에 떨어지지만, 높은 곳에서 떨어뜨릴 때는 낙하 속도의 차이 때문에 10파운드의 쇠공이 조금 더 빨리 떨어진다.

것들을 이상한 방식으로 비틀어서 자신의 철학에 맞추려고 한다. 또한 세 번째 부류의 철학자들이 있다. 이들은 신앙과 종교적 숭배 때문에 신학과 전통을 자신들의 철학과 혼합한다. 이 사람들 중에서 일부는 허영심 때문에 영혼과 초자연적 존재로부터 과학을 찾거나 이끌어내는 잘못된 길로 빠진다.(1권 62장)

베이컨에 따르면, 극장의 우상은 기존의 관행이나 권위를 무조건 따르거나 충분한 실험과 관찰을 거치지 않고 너무 성급하게 결론을 내릴 때 생겨난다. 즉 확인되지 않은 자료나 불충분한 자료를 근거로 어떤 이론을 주장할 때 발생한다. 예를 들어 '이성론(합리론) 철학자'의 대표적 인물로는 아리스토텔레스가 있는데, 베이컨은 그가 실험이나 관찰을 제대로 하지 않고 단지 사변이나 논리성에만 의존한다고 비판한다. 그는 결론을 미리 내려놓고 그 결론을 뒷받침할 공리를 세우기 위해 실험이나 경험을 적당히 이용할 뿐이라는 것이다.

다음으로 '경험론 철학자'는 실험을 하기는 하지만 제한적으로 몇 번의 실험만을 한 후에 곧바로 일반적 결론을 도출한다는 점에서 문제가 있다는 것이다. 즉 성급한 일반화 때문에 실험의 객관성과 보편성을 확보하지 못한다는 것이다.

마지막으로 베이컨은 '미신적인 철학자'로 피타고라스(Pythagoras, 기원전 580~500?)를 든다. 피타고라스는 종교적이고 신비스러운 내용을 결합해 자신의 철학 사상을 만들어냈으며, 그 결과 그의 학파는 종교 집단의 성격을 지니게 되었다. 예를 들면 10은 신성함과 전능함, 8은 사랑, 7은 기회를 주는 숫자라고 하면서 수의 신비주의를 낳기도 했다.

귀납법: 자연의 원리를 어떻게 발견할 것인가

'신기관'은 새로운 생각의 틀이다

이제 '귀납법'에 대해 알아보자. 앞에서 보았듯이 베이컨은 자연에 대한 객관적 인식을 가로막는 편견이나 선입견을 '우상'이라고 비판하면서 이를 타파할 것을 주장했다. 그렇다면 우리는 어떻게 자연의 원리나 법칙을 인식할 수 있을까? 자연의 원리나 법칙을 발견하기 위한 적절한 학문의 방법은 무엇일까? 이와 관련해 베이컨은 연역법이 주축이 된 아리스토텔레스의 논리학을 비판하고 그 대신에 귀납법이 주축이 된 새로운 논리학을 제시한다. 그래서 자신의 책에 『신기관』 또는 『신논리학』이라는 제목을 붙였다.

> 맨손 또는 원래 그대로의 지성은 별로 쓸모가 없다. 손이 도
> 구의 도움을 받아 일하듯이, 지성도 마찬가지로 그러한 도구
> 의 도움이 필요하다. 도구가 우리 손의 움직임을 개선하거나
> 규제하는 것처럼, 정신의 도구는 지성을 촉발시키고 신중하
> 게 만든다.(1권 2장)

베이컨은 논리학을 정신의 도구라고 설명한다. 우리가 일을 할 때 맨손으로 하지 않고 기계와 같은 여러 도구를 사용하듯이, 우리 정신도 생각을 할 때 도구를 사용하는데 그것이 바로 논리학이다. 우리가 정신의 도구인 논리학을 사용하면 우리의 지성이 좀 더 활발하게 활동할 수 있으며 나아가 정확성도 높아진다. 그래서 베이컨은 이러한 정신의 도구인 논리학을 가리켜 '기관'이라고 부른다. 기계의 기관처럼 논리학은 정신의 활동을 촉진시켜주는 역할을 한다. 그런데 아리스토텔레스의 논리학은 학문을 진보시켜주는 기관의 역할을 제대로 하지 못하기 때문에 새로운 논리학, 즉 새로운 기관이 필요하다고 본 것이다. 그래서 베이컨은 책 제목을 '신기관'이라고 지었다.

연역법은 낡은 탐구 방법이다

우선 베이컨이 아리스토텔레스의 논리학, 특히 그것의 핵심이 되는 연역법에 대해 어떻게 비판하는지 함께 살펴보자. '연역법' 또는 '연역 추론'이란 무엇일까? 논리학에서 중요한 내용이 '추론'인데 그것은 주어진 명제나 주장으로부터 새로운 명제나 주장을 이끌어내는 것을 가리킨다. 그런데 이러한 추론에는 연역법과 귀납법이 있다.

> 진리를 탐구하고 발견하는 방법에는 두 가지만 있으며 그 이외에는 있을 수 없다. 하나는 감각과 개별적인 것에서 출발해 가장 일반적인 종류의 공리로 비약한 다음에, 이러한 원리와 불변의 진리로부터 판단과 중간 수준의 공리를 발견하는 데로 나아가는 것이다. 이것이 바로 현재 사용되는 방법이다. 다른 하나는 감각과 개별적인 것으로부터 점진적이고 지속적인 상승을 통해 공리를 만들어내면서 최종적으로 가장 일반적인 공리에 도달하는 것이다. 이것이 바로 참된 방법인데 아직 시도되지는 않았다.(1권 19장)

베이컨이 먼저 설명하는 것이 연역법이며, 나중에 설명하는 것은 귀납법이다. '연역법(deduction)'이란 일반적 원리나 공리로부터 구체적 판단이나 개별적 사실을 이끌어내는 것을 가리킨다. 즉 일반적 사실이나 명제로부터 구체적 사실이나 명제를 이끌어내는 것이다. 물론 여기에도 일반적 원리나 공리를 알기 위해 처음에 감각이나 개별적 사실을 관찰하는 과정이 있기는 하지만 이것은 몇몇 사례만을 바탕으로 피상적으로 이루어진다. 이에 비해 '귀납법(induction)'은 감각이나 개별적인 것을 지속적으로 풍부하게 관찰한 다음에 이를 바탕으로 일반적 원리나 공리를 체계적으로 이끌어내는 것을 가리킨다. 즉 구체적 사실이나 명제로부터 일반적 사실이나 명제를 체계적으로 이끌어내는 것이다.

그런데 베이컨은 이 두 가지 추론 방법 중에서 귀납법이 참된 방법이며 연역법은 잘못된 방법이라고 비판한다. 그 이유는 무엇일까? 베이컨은 연역법을 중시하는 아리스토텔레스의 논리학에 대해 다음과 같이 비판한다.

현재의 학문이 새로운 발견을 하려는 일에 전혀 도움이 되지 않듯이, 현재의 논리학은 새로운 발견을 하려는 학문에 전혀 도움이 되지 않는다.(1권 11장)

현재 우리가 사용하는 논리학은 진리를 탐구하는 데 도움이 되기보다는 통속적인 개념에 의거하는 오류들을 강화하는 데 기여한다. 따라서 그것은 이로움보다는 해로움이 더 많다.(1권 12장)

논리학은 철학의 한 분야로 사고의 규칙이나 원리를 다루며, 모든 학문 연구의 기초가 된다. 그런데 베이컨은 아리스토텔레스의 논리학이 학문 진보에 도움이 되지 않을 뿐만 아니라 오히려 해악을 끼친다고 말한다. 아리스토텔레스의 논리학이 자연에서 새로운 발견을 하는 데 전혀 도움이 되지 않으며, 오히려 오류나 편견을 심화시킨다는 것이다. 그렇다면 그 이유는 무엇일까?

사물을 발견하기 위해 논리학을 동원하는 사람도 있겠지만 논리학은 당면 문제를 피상적으로만 다룬다. 왜냐하면 논리적 발견이란 학문을 구성하는 원리나 특수한 공리를 발견하는 것이 아니라, 단지 그러한 원리들에 일치하는 것만을 발견하는 것이기 때문이다.(1권 82장)

삼단 논법은 학문의 원리로서 적절하지 않으며 중간 수준의

아리스토텔레스와 그의 저서 『논리학』의 오래된 판본.

공리에 적용해도 쓸모가 없다. 왜냐하면 자연의 미묘함을 전혀 포착할 수 없기 때문이다. 그러므로 삼단 논법은 사람들의 동의를 얻어내는 데 사용될 수는 있지만, 사물을 파악하는 데는 실패할 수밖에 없다.(1권 13장)

베이컨은 아리스토텔레스의 논리학이 어떤 실제적 문제를 해결하거나 자연에서 새로운 발견을 하는 데 도움이 되지 않는다고 말한다. 아리스토텔레스의 논리학은 연역법을 주로 사용하는데, 이것은 새로운 원리나 공리를 발견하기 위한 방법이 아니라 이미 알려진 원리나 공리부터 단지 그것에 일치하는 개별적 사실을 이끌어내는 방법에 불과하기 때문이다. 그럼 이런 연역법을 잘 보여주는 삼단 논법을 구체적 사례로 살펴보자.

> (대전제) 모든 사람은 죽는다.
> (소전제) 소크라테스도 사람이다.
> (결론) 그러므로 소크라테스도 죽는다.

여기서 볼 수 있듯이 삼단 논법은 모두 세 개의 명제 또는 문장으로 이루어져 있다. 대전제와 소전제라는 두 전제로부터 결론을 이끌어내는 것이다. 여기서 대전제는 이미 알려진 일반적 사실로 베이컨이 말하는 일반적 원리나 공리에 해당한다. 그리고 소전제는 중간 수준의 공리에 해당하며, 결론은 개별적 사실이나 명제에 해당한다. 이러한 삼단 논법에서는 대전제와 소전제가 참이면 결론도 반드시 참이 된다. 그런데 이러한 추론은 우리에게 새로운 지식이나 정보를 제공해줄까? 그렇지 않다. '모든 사람은 죽는다'는 대전제 속에는 이미 '소크라테스도 죽는다'는 결론이 들어 있다. 모든 사람이 죽는다면 소크라테스도 사람이기 때문에 당연히 죽는다. 따라서 이러한 연역법은 우리에게 자연에 대한 새로운 원리나 지식을 알려주지 않는다. 이미 알려진 일반적 원리나 공리를 활용해 그것과 일치하는 개별적 지식을 알려줄 따름이다. 그래서 연역법은 자연의 원리나 법칙을 발견하기 위한 학문의 방법으로서 적절하지 않다고 베이컨이 비판하는 것이다.

베이컨은 학문이 진보하기 위해서는 대전제에 해당하는 일반적 원리나 공리를 발견하는 일이 더 중요하다고 본다. 연역법처럼 이미 알려진 원리나 공리에만 의존하면 학문이 발전하지 못할 뿐만 아니라 자연을 제대로 파악할 수도 없다. 특히 기존의 연역법은 잘못된 원리나 공리에 주로 의존하기 때문에 거기에서 이끌어낸 결론도 대부분 오류를 범한다. "현재 사용되는 공리들은 불충분하고 협소한 경험과 매우 일상적인 몇몇 개별적 사실들로부터 이끌어낸 것이다."(1권 25장) 따라서 그러한 공리가 잘못된 경우가 많다는 것이다. 그래서 베이컨은 참된 원리나 공리를 발견하기 위한 새로운 학문 방법이 필요한데 그것이 바로 자신이 만든 귀납법이라고 주장한다.

귀납법이 새로운 희망이다

베이컨은 학문의 진보를 위해서는 자연을 탐구하기 위한 적절한 방법이 필요하다고 말하면서 귀납법이 주축이 된 '신기관', 즉 '신논리학'을 제안한다. 베이컨은 "참된 귀납법만이 우리들의 유일한 희망"(1권 14장)이며 "참된 귀납법을 통해 개념과 공리를 형성하는 것이 우상들을 제거하고 타파하기 위한 적절한 치료책"(1권 40장)이라고 주장한다. 자연에 대한 잘못된 인식을 불러일으키는 우상을 타파하고 자연을 객관적으로 인식하기 위해서는 귀납법을 사용해야 한다는 것이다. 베이컨은 자신이 제안한 이러한 탐구 방법의 가치에 대해 다음과 같이 말한다.

> 기존에 학문을 연구했던 사람들은 경험론자이거나 이성론자 (합리론자)이다. 경험론자는 개미처럼 단지 사물들을 모아서 그것을 사용한다. 이성론자는 거미처럼 자신으로부터 실을 뽑아내 집을 짓는다. 중도적 방법은 꿀벌의 방법이다. 꿀벌은 정원이나 들판에 있는 꽃으로부터 재료를 모은 다음에 자기 자신의 힘으로 그것을 변형시켜 소화한다. 철학의 진정한 과업은 바로 이와 같다. 왜냐하면 철학은 단지 정신의 힘에만 의존

베이컨의 자연 철학 논문들을 엮은 책자의 표지.

하는 것도 아니며, 또한 자연사나 실험에 의해 제공된 재료를 손대지 않은 채 그대로 자신의 기억 속에 저장하는 것도 아니고, 그러한 재료를 세련되게 가공해 지성 속에 저장하기 때문이다. 따라서 아직 이루어지지는 않았지만 경험적 능력과 이성적 능력이라는 이 두 능력을 더 순수하면서도 더 긴밀하게 결합시킨다면 우리는 충분히 희망을 가질 수 있다.(1권 95장)

베이컨은 경험론자를 단지 재료만을 모으는 개미에 비유하고, 이성론자를 단지 자신의 힘에만 의존하는 거미에 비유하면서 이들의 탐구 방법을 비판한다. 그 대신에 베이컨은 자신의 탐구 방법을 꿀벌에 비유하면서 경험론과 이성론의 방법을 종합시켜야 한다고 주장한다. 꿀벌은 외부에 있는 꽃에서 재료를 모아서 그것을 소화하고 가공해 꿀로 만든다. 귀납법도 마찬가지다. 귀납법은 단지 경험적 사실들만을 모으는 것도 아니고, 그렇다고 정신적 사변에만 의존하는 것도 아니다. 참된 귀납법은 이 양자를 종합하는 것이다. 즉 경험적 재료를 모아서 그것을 정신의 힘으로 가공해 새로운 지식을 만들어내는 것이다.

그렇다면 귀납법이란 구체적으로 무엇일까? 앞에서도 언급했듯이 귀납법은 개별적 사실이나 명제로부터 일반적 원리나 공리를 이끌어내는 것을 가리킨다. 다음의 사례를 살펴보자.

(전제1) 소크라테스는 죽는다.

(전제2) 플라톤은 죽는다.

(전제3) 아리스토텔레스는 죽는다.

        ......

(결론) 그러므로 모든 사람은 죽는다.

하나의 추론으로서 귀납법은 연역법과 마찬가지로 주어진

연역법과 귀납법

"세 사람이 식중독에 걸렸다. 철수는 음식 A, B, C를 먹었으며, 영호는 C, D, E를 먹었고, 지혜는 C, F, G를 먹었다. 따라서 식중독의 원인은 C이다." 이 추론은 연역법일까, 귀납법일까? 연역법은 일반적 사실이나 원리로부터 구체적 사실을 이끌어내는 것이며, 귀납법은 그 반대로 구체적 사실들로부터 일반적 사실을 이끌어내는 것이다. 그러나 둘 사이를 더 정확하게 구분하는 기준은 전제로부터 결론이 필연적으로 도출되는지 여부이다. 전제로부터 결론이 필연적으로 도출되면 연역법이고, 결론이 필연성은 없고 개연성이나 확률성만 있으면 귀납법이다. 귀납법은 전제로부터 결론이 반드시 도출되는 것은 아니다. 위의 경우에 세 사람이 공통으로 먹은 음식 C가 식중독의 원인일 가능성은 매우 높지만 반드시 그런 것은 아니다. A, D, F가 변질되어 식중독의 원인이 될 수도 있기 때문이다. 따라서 이것은 귀납 추론이다.

전제로부터 결론을 이끌어내는 구조로 되어 있다. 그런데 연역법에서는 일반적 사실이나 원리로부터 개별적 사실이나 명제를 이끌어내지만, 귀납법에서는 개별적 사실이나 명제로부터 일반적 사실이나 원리를 이끌어낸다. 앞의 사례에서는 '소크라테스는 죽는다', '플라톤은 죽는다', '아리스토텔레스는 죽는다' 등등과 같은 개별적 사실로부터 '모든 사람은 죽는다'라는 일반적 사실이나 원리를 이끌어내는데, 이것이 바로 귀납법이다.

그런데 베이컨은 귀납 추론 과정에서 개별적 사실로부터 가장 일반적 원리나 공리를 단숨에 이끌어내는 것은 학문의 진보에 별로 도움이 되지 않으며, 오히려 중간 수준의 공리를 이끌어내는 것이 더 유용하다고 말한다.

우리의 지성이 개별적인 것에서 멀리 떨어진 공리로, 즉 거의 가장 일반적인 공리로(소위 학문과 사물의 제1원리와 같은 것으로) 비약하고, 그리고 그러한 불변의 진리로부터 중간 수준의 공리를 증명하거나 도출하는 일은 허용되어서는 안 된다. 그런데 이러한 일이 지금까지 일어나고 있다. 왜냐하면 지성은 본능적으로 그러한 경향이 있으며 또한 오랫동안 삼단 논법에 의해 훈련되어 그것에 익숙하기 때문이다. 그러나 우리가 학문에 대한 희망을 가지려면 다음과 같이 해야 한다. 개별적인 것에서 낮은 수준의 공리로, 그다음에 중간 수준의 공리로, 그다음에 더 높은 수준의 공리로, 최종적으로는 가장 일반적인 공리로 올라가야 한다. 즉 올바른 형태의 사다리를 마련해 연속적으로 이어진 일련의 단계를 거쳐야 한다. 왜냐하면 가장 낮은 수준의 공리는 그대로 주어진 경험과 별로 다르지 않고, 반면에 가장 높은 수준의 가장 일반적인 공리는 개념적이고 추상적이어서 어떠한 실질적 내용도 갖지 않기 때문이다. 실질적 내용을 갖춘 살아 있는 참된 공리는 중간 수준의 공리이며, 바로 이것에 의해 인류의 과업이 성취되고 인류의 운명

이 결정된다.(1권 104장)

베이컨은 개별적 사실들로부터 곧장 제1원리와 같은 가장 일반적 공리를 이끌어내려고 하는 것을 비판한다. 이것은 기존의 연역법이 주로 사용하던 방법으로, 성급하게 일반적 공리를 도출한 다음에 이것을 바탕으로 구체적 사실을 증명하려는 것이다. 그러나 베이컨은 이러한 방법이 학문의 진보에 도움이 되지 않는다고 본다. 참된 귀납 추론은 급히 서두르지 않고 차근차근 단계를 거치면서 개별적 사실로부터 낮은 수준의 공리를 거쳐 높은 수준의 공리로 나아가는 것이다. 베이컨은 그중에서도 특히 중간 수준의 공리를 도출하는 것이 학문의 진보에 매우 유용하다고 주장한다. 여기서 중간 수준의 공리란 제1원리와 같은 아주 일반적 공리가 아니라 특정 분야에 적용되는 원리나 법칙을 가리킨다. 이것은 자연을 탐구하거나 개발할 때 실질적 도움을 줄 수 있다.

예를 하나 들어보자.

(1) 산소나 질소, 수소와 같은 여러 기체를 각각 가열하면 온도가 1도 올라갈 때마다 부피가 273분의 1씩 증가한다.

이러한 개별적 관찰 사실들로부터 모든 기체에 적용되는 다음과 같은 원리나 법칙을 이끌어낸다.

(2) 모든 기체의 부피는 온도에 비례해 증가하는데, 온도가 1도 올라갈 때마다 기체의 부피는 273분의 1씩 증가한다.

그리고 기체뿐만 아니라 다른 액체나 고체의 경우도 구체적으로 관찰한 후에 모든 사물들에 적용되는 다음과 같은 일반적 원리나 법칙을 이끌어낸다.

(3) 모든 사물의 부피는 온도에 비례해 증가한다.

이때 (1)은 각각의 산소, 질소, 수소 등에 관련되기 때문에 개별적 사실이라면, (2)는 모든 기체에 관련되기 때문에 중간 수준의 공리이며, (3)은 모든 사물들에 관련되기 때문에 높은 수준의 공리라고 볼 수 있다. 그런데 (2)와 같은 중간 수준의 공리나 원리는 실질적 내용을 갖추고 있기 때문에 이것을 활용한다면 자연을 탐구하거나 이용할 때 실제적 도움을 많이 받을 수 있다.

베이컨은 개별적 사례들로부터 공리나 원리를 도출하기 위해서는 이러한 개별적 사례들을 체계적으로 정리할 필요가 있다고 말한다.

개별적인 것들은 매우 많아서 그것을 군단이라고 말할 수도 있는데, 이러한 군단은 너무 흩어져 있어서 지성을 혼란스럽고 혼미하게 만든다. 그래서 지성의 소규모 전투나 목표 없이 방황하는 활동만으로는 희망을 기대할 수 없다. 우리가 희망을 얻기 위해서는 탐구 주제와 관련된 모든 개별적인 것들을 배열하고 정돈해 살아 있는 잘 조직된 적절한 발견표를 만들어야 하며, 정신은 이러한 발견표가 제공하는 준비되고 정리된 도움을 받아야 한다.(1권 102장)

개별적 사례들은 개미 군단처럼 그 수가 매우 많으며 여기저기 산만하게 흩어져 있다. 따라서 이러한 개별적 사례들로부터 공리나 원리를 이끌어내기 위해서는 사례들을 간명하게 분류하고 정리해서 발견표와 같은 것을 만들어야 한다. 그래야만 우리는 거기서 법칙이나 원리를 쉽게 발견할 수 있다. 베이컨은 귀납법을 통해 올바른 법칙이나 원리를 얻으려면 사례를 수집하고 정리하는 일이 아주 중요하다고 보면서 '단순 열거 귀납법'과 '참된 귀납법'을 구분한다.

공리를 수립하기 위해서는 지금까지 사용했던 것과는 다른 형태의 귀납법이 고안되어야 한다. 그리고 그 귀납법은 이른바 제1원리뿐만 아니라 낮은 수준의 공리와 중간 수준의 공

성급한 일반화의 오류

우연적 사례나 소수의 사례만을 관찰한 다음에 이것을 성급하게 일반화해 결론을 내리는 것을 '성급한 일반화의 오류'라고 한다. 예를 들어 철수가 한두 번 거짓말했던 사실을 근거로 철수를 거짓말쟁이라고 결론을 내리는 것인데, 이것은 잘못된 추론이다. 철수를 거짓말쟁이라고 결론을 내리기 위해서는 상당히 오랜 기간 동안 철수의 여러 행동들을 충분히 관찰해야 한다. 물론 얼마만큼 사례를 관찰해야 충분하다고 할 수 있는지는 정확하게 말하기 어렵다.

리도 포함해 모든 공리를 검사하거나 발견하는 데 사용되어야 한다. 단순 열거를 통해 이루어지는 귀납법은 너무 적은 사례들, 그것도 쉽게 얻을 수 있는 사례들을 바탕으로 판단을 내리기 때문에 유치하다. 그래서 그것의 결론은 불확실하며 반대 사례에 의해 공격을 받을 위험을 안고 있다. 이에 비해 학문과 과학의 발견 및 증명에 유용한 귀납법은 적절한 거부와 배제에 의해 자연을 분석해야 하며, 충분한 수의 부정적 사례를 관찰한 후에 긍정적 사례에 대한 결론을 내려야 한다. (…) 이러한 귀납법의 도움을 받으면 우리는 공리를 발견할 수 있을 뿐만 아니라 또한 개념을 정의할 수도 있다. 따라서 정말로 이러한 귀납법이야말로 우리에게 가장 훌륭한 희망인 것이다.(1권 105장)

귀납법의 한계

러셀(Bertrand Russell)은 귀납법의 한계를 설명하기 위해 다음과 같은 칠면조 이야기를 한다. 어떤 칠면조가 아침 9시에 주인이 모이를 준다는 사실을 알게 되었다. 칠면조는 '성급한 일반화의 오류'에 빠지지 않기 위해 쉽게 결론으로 비약하지 않았다. 칠면조는 다양한 조건에서 수백 번 세심하게 관찰을 했다. 수요일과 목요일, 따뜻한 날과 추운 날, 흐린 날과 맑은 날에도 관찰을 했다. 드디어 칠면조는 충분히 많은 자료가 모였다고 판단해 귀납 추론을 통해 "주인은 항상 아침 9시에 모이를 준다"라는 결론을 내렸다. 다음 날 아침에도 주인이 아침 9시에 왔다. 칠면조는 모이를 줄 것으로 예측해 반갑게 주인을 맞이했다. 그런데 이 예측은 빗나갔다. 그날은 마침 크리스마스이브였고, 칠면조는 요리로 잔칫상에 오르는 신세가 되고 말았다. 칠면조가 귀납적 일반화를 통해 내린 결론과 예측은 완전히 빗나간 것이다. 귀납법은 개별 사례들에 대한 관찰 자료들을 바탕으로 이를 일반화해 보편적 이론을 이끌어낸다. 하지만 이미 관찰한 내용을 아직 관찰하지 않은 대상에까지 확대 적용하는 이러한 추론 방식을 통해서는 결론이 필연적으로 도출되는 것은 아니다. 관찰 자료와 결론 사이에는 개연성, 즉 확률성밖에 없으며 따라서 결론이 절대적 참이라고 말할 수 없다.

베이컨은 원리나 공리를 발견하기 위해서는 귀납법을 사용해야 하지만 잘못된 귀납법은 우리를 오류로 이끌 수 있다고 비판한다. 예를 들어 '단순 열거 귀납법'을 살펴보자. 이것은 우리가 주변에서 쉽게 볼 수 있는 몇 가지 일상적 사례들을 바탕으로 성급하게 원리나 공리를 도출하는 것이다. 이러한 방식으로 도출된 원리나 공리는 불확실할 뿐만 아니라 반대 사례에 의해 쉽게 반박될 수 있다. 다시 말해 단순 열거 귀납법은 '성급한 일반화의 오류'를 범할 수 있다. 따라서 귀납 추론이 이러

귀납법의 한계를 주장한 버트런드 러셀.

한 오류를 범하지 않기 위해서는 관련된 사례들을 충분히 수집해야 할 뿐만 아니라 반대 사례나 부정적 사례 등도 체계적으로 고찰해 원리나 공리를 이끌어내야 한다. 즉 사례들을 충분히 체계적으로 고찰하는 '참된 귀납법'이 요구된다.

예를 들어보자. 연어가 원래 자기가 태어났던 곳으로 회귀하는 본능이 있는지를 알아보려고 한다. 이때 자기 고향으로 회귀하는 연어만을 관찰해서는 안 되며, 그렇지 않은 연어도 있는지를 관찰해야 한다. 그리고 연어와 비슷하게 생긴 다른 물고기들도 그런 회귀 본능이 있는지를 관찰해야 한다. 즉 반대 사례나 부정적 사례도 적극적으로 관찰해 그 특성을 알아내야 한다. 그래야 다양한 비교 연구를 통해 연어의 회귀 본능에 대한 정확한 이론이나 공리를 만들 수 있다.

실험과 관찰이 참된 지식의 토대이다

베이컨은 참된 귀납 추론을 위해서는 적절한 사례를 충분히 수집하는 것, 특히 흔히 볼 수 있는 일상적 사례가 아니라 깊이 있는 전문적 사례를 수집하는 것이 중요하다고 말한다. 그래서 베이컨은 이러한 의미 있는 전문적 사례를 수집하기 위해 '실험'과 '관찰'의 방법을 적극적으로 활용할 것을 강조한다.

> 놀랍게도 지금까지 사람들은 인간의 지성이 따라가야 할 길, 즉 적절하게 질서가 잡힌 잘 준비된 경험이나 감각 그 자체에 의해 인도된 길을 개척하거나 만들지 않았다. (…) 경험들 중에서 있는 그대로 저절로 얻어진 것은 우연(accident)이라고 부르며, 의도적으로 추구해 얻어진 것은 실험(experiment)이라고 부른다. (…) 경험의 올바른 순서는 우선 등불을 켠 다음에

그 등불로 길을 비추는 것이다. 즉 불규칙적이고 변덕스러운 경험이 아니라 질서정연하고 잘 정리된 경험에서 출발해 그것에서 공리를 도출하고 그런 다음에 그렇게 도출된 공리로부터 다시 새로운 실험을 도출하는 것이다.(1권 82장)

베이컨은 자연에서 원리나 공리를 발견하기 위해서는 적절한 사례를 충분히 수집해야 하며, 이를 위해서는 우리의 감각적 경험을 활용해야 한다고 주장한다. 베이컨은 지식의 출발점을 감각적 경험으로 본다. 감각적 경험이 토대가 되어 그것으로부터 지식이 형성된다는 것이다. 만약 우리가 자연을 감각적으로 경험하지 않고 단지 이성으로 생각만 한다면 우리는 자연에 대한 지식을 얻을 수 없다는 것이다. 이렇게 지식 또는 인식의 형성 과정에서 감각적 경험의 역할을 중시하는 입장을 '경험론'이라고 한다. 그런데 베이컨은 이러한 감각적 경험을 '우연적으로 얻어진 경험'과 '실험을 통해 의도적으로 얻은 경험'으로 구분한다. 그리고 그중에서 실험을 통해 얻은 경험이 더 소중하다고 본다. 실험이란 의도적으로 하는 것이므로 이것을 통해서 체계적으로 잘 정리된 좋은 사례나 지식을 얻을 수 있기 때문이다.

그리고 이렇게 실험을 통해 얻은 경험적 사례들로부터 일

영국 왕립연구소에 있던 마이클 패러데이의 실험실 광경(1870).

반적 원리나 공리를 이끌어낸 다음에, 이러한 원리나 공리로부터 다시 구체적 사례를 이끌어내 그것을 실험을 통해 증명할 수 있다. 그렇게 하면 귀납법을 통해 도출된 원리나 공리가 옳은지 그른지가 좀 더 분명하게 증명된다. 조금 어려운 내용인데 앞에서 언급했던 사례를 다시 살펴보자.

(1) 산소를 가열하니까 온도가 1도 올라갈 때마다 부피가

경험론과 이성론

인간은 지식(인식)을 어떻게 얻는가? 실험이나 관찰과 같은 감각적 경험을 통해서 지식을 얻는다는 입장을 '경험론(empiricism)'이라고 한다. 대표적 학자로는 베이컨을 비롯해 로크, 버클리, 흄 등이 있는데 모두 영국 출신의 철학자들이다. 다른 한편으로 인간의 감각적 경험은 정확하지 않기 때문에 믿을 수 없다고 비판하면서 이성적 사고를 통해 참된 지식을 얻어야 한다는 입장이 있는데 이것을 '합리론(rationalism)' 또는 이성론이라고 부른다. 예를 들어 수학적 지식은 경험이 아니라 이성적 사고를 통해 얻어진다는 것이다. 대표적 학자로는 데카르트, 스피노자, 라이프니츠 등이 있는데 모두 영국이 아닌 유럽 대륙 출신의 철학자들이다.

273분의 1씩 증가한다.

이런 사실을 발견하고 나서 다른 기체도 그런지 실험해봄으로써 다음 사실을 알게 된다.

(2) 수소, 질소와 같은 다른 기체도 온도가 1도 올라갈 때마다 부피가 273분의 1씩 증가한다.

그리고 이러한 경험적 사례들부터 귀납 추론을 통해 다음과 같은 원리나 법칙을 이끌어낸다.

(3) 기체의 부피는 온도에 비례하는데, 온도가 1도 올라갈 때마다 부피가 273분의 1씩 증가한다.

이러한 원리나 법칙으로부터 다음과 같은 구체적 사례를 다시 이끌어낸다.

(4) 헬륨도 기체이므로 온도가 1도 올라갈 때마다 부피가 273

이성론을 대표하는 프랑스 철학자 르네 데카르트.

분의 1씩 증가할 것이다.

그래서 과연 이것이 사실인지를 실험을 통해 검증해본다면
⑶의 원리나 법칙이 맞는지 좀 더 정확하게 확인해볼 수 있다.

베이컨은 실험과 관찰을 통해 객관적 자료를 수집하는 것
이 중요하다고 말하면서 실험의 종류를 '빛을 가져오는 실험'
과 '성과를 가져오는 실험'으로 구분한다.

기계적 실험이 풍부하게 많이 이루어짐에도 불구하고 그중에

서 많은 정보를 가져다주면서 지성을 도와주는 것은 거의 드물다. 장인의 경우에 그들은 진리 탐구에 결코 관심이 없으며, 어떤 것이 자신의 작업에 도움이 되지 않으면 그것에 정신을 쓰지 않고 그것에 손을 대지도 않는다. 그러나 그 자체로서는 유용하지 않지만 원인과 공리의 발견을 도와주는 아주 많은 실험들을 수집해서 자연사를 만든다면, 지식에서 더 큰 진보가 확실히 이루어질 수 있다. 이러한 실험들을 가리켜 나는 '빛을 가져오는 실험'이라고 부르는데 이것은 '성과를 가져오는 실험'과 구분된다. 이러한 빛을 가져오는 실험은 결코 실수하거나 실패하지 않는 감탄할 만한 특징과 성질을 지닌다. 왜냐하면 그러한 실험은 어떤 효용을 얻기 위한 것이 아니라 자연의 원인을 밝히기 위한 것이므로 그것이 어떤 방식을 따르든지 간에 목적에 맞는 답을 찾아서 문제를 해결해주기 때문이다.(1권 99쪽)

'성과를 가져오는 실험'은 지금 당장 어떤 성과를 거두고 이익을 얻기 위해 실험을 하는 것이다. 즉 진리 탐구에는 관심이 없으며 눈앞의 이익과 성과를 위해 실험을 하는 것이다. 이에 비해 '빛을 가져오는 실험'은 당장의 이익이 아니라 자연의 원인과 공리를 발견하기 위해 실험을 하는 것이다. 다시 말해

순수한 객관적 관찰의 어려움

전문 교육과 훈련을 받은 의사는 엑스레이 사진을 통해서 몸의 이상을 발견할 수 있지만, 그렇지 못한 사람은 몸의 이상을 발견할 수 없다. 또 아라비아 숫자를 모르는 원주민에게 '1'이라는 숫자를 보여주면 그것을 막대기로밖에 인식하지 못하지만 아라비아 숫자를 배운 사람은 그것을 숫자로 인식한다. 이처럼 배경지식에 따라 관찰 결과에서 차이가 발생하기도 한다. 또한 관찰과 이론이 충돌할 경우에 관찰보다는 이론을 더 중시하기도 한다. 망원경이 발견되기 전에 맨눈으로 금성을 관찰한 사람들은 금성의 크기가 1년 내내 일정하게 보인다고 말했다. 그런데 코페르니쿠스의 지동설을 수용한 오시인더라는 과학자는 그 관찰이 잘못되었으며 금성의 크기는 공전의 위치에 따라 다르게 보여야 한다고 주장했다. 지동설을 따를 경우에 지구와 금성은 공전 주기가 달라서 두 천체 사이의 거리도 달라지기 때문이다. 금성의 크기가 다르게 보인다는 것이 관찰되지는 않았지만 과학자들은 그의 주장을 수용했다. 이는 관찰보다는 이론을 우선시하면서 이론에 의거해 관찰을 한다는 것을 보여준다. 이를 '관찰의 이론 의존성'이라고 부른다. 이처럼 관찰의 과정에는 배경지식, 관심, 기존의 이론 등이 개입하기 때문에 사물을 있는 그대로 객관적으로 관찰하는 것이 어렵다.

자연에 숨겨진 진리를 탐구하기 위해 실험을 하는 것이다. 그런데 성과나 이익을 얻기 위한 실험은 단기간에 작은 이익을 가져다줄지는 모르지만 장기적으로 볼 때 학문의 진보에 별로 도움이 되지 않는다. 반면에 빛과 진리를 발견하기 위한 실험은 당장은 이익을 가져다주지 않지만 이러한 실험들을 지속적으로 모은다면 지식과 학문이 진보해 결국은 커다란 이익을 가져다주기도 한다. 베이컨은 "올바르게 고안되어 만들어진 공리가 실제로 적용된다면 작은 정도의 성과가 아니라 연속적으로 엄청난 성과를 낳는다"(1권 70장)라고 말한다. 따라서 장기적 관점에서 학문을 진보시키고 큰 이익을 얻기 위해서는 자연의 진리를 탐구하는 '빛을 가져오는 실험'에 치중해야 한다.

귀납법의 발견이 가장 가치 있다

지금까지 서술한 내용을 간략하게 정리해보자. 베이컨은 실용적 학문관을 갖고 있다. 우리가 학문을 탐구하는 이유는 자연의 원리나 법칙을 발견해 자연을 효과적으로 지배하고 나아가 인류의 복지를 증진하기 위한 것이다. 그런데 우리에게는 학문의 진보를 가로막는 장애물들이 있는데, 하나는 '우상'이고 다른 하나는 '연역법'이다.

'우상'이란 자연에 대한 객관적 인식을 가로막는 장애물이다. 우리는 편견이나 선입견을 갖고 있기 때문에 자연을 있는 그대로 보지 못한다. 그런데 이러한 우상에는 종족의 우상, 동굴의 우상, 시장의 우상, 극장의 우상이 있다. 자연을 객관적으로 인식하기 위해서는 편견이나 고정관념과 같은 이러한 우상을 타파해야 한다.

자연의 원리나 법칙을 발견하기 위해서는 '신기관' 또는

'신논리학'이 요구된다. 즉 새로운 탐구 방법인 '귀납법'을 사용해야 한다는 것이다. 기존에 널리 사용되고 있던 아리스토텔레스의 연역법은 자연에 대한 새로운 지식을 가져다주지 않고 오히려 오류와 편견을 심화시키기 때문에 버려야 한다. 귀납법에서 중요한 것은 자연에 대한 객관적 자료나 사례를 모으는 것이며, 이를 위해 중요한 것이 실험과 관찰이다. 다양한 실험과 관찰을 통해서 경험적 자료들을 체계적으로 수집하고 정리해야 한다. 긍정적 사례뿐만 아니라 부정적 사례도 적극적으로 수집해야 한다. 그리고 이러한 경험적 자료들을 바탕으로 적절한 제거와 배제 등의 방법을 사용해 참된 귀납 추론을 해야 한다. 이때 유의할 점이 바로 성급한 일반화의 오류를 범하지 않고 점진적으로 귀납 추론을 하는 것이다. 우선 낮은 수준의 공리나 원리를 도출하고, 그다음으로 중간 수준의 공리를 도출하며, 최종적으로 가장 일반적 공리를 도출한다. 특히 여기서 중요한 것이 실질적 내용을 지닌 중간 수준의 공리인데, 이것은 자연을 탐구하거나 개발할 때 실질적 도움을 주기 때문이다. 그리고 이렇게 귀납법을 통해 도출된 공리에서 다시 구체적 사례를 이끌어내 실험해봄으로써 그 공리가 옳은지 그른지를 검증해봐야 한다.

베이컨은 자신이 내세운 이러한 귀납법의 가치에 대해 다

가설로서 과학 이론

포퍼는 과학자들이 귀납적 방식이 아니라 가설로서 과학 이론을 제안하는 방식
으로 자연을 탐구한다고 주장한다. 과학자들은 케플러나 뉴턴의 이론과 같은 대
담하고 포괄적 이론을 만들기 위해 상상력을 발휘해 자유롭고 창의적으로 새로
운 이론을 가설로 제안한다는 것이다. 포퍼에 따르면 모든 행성은 타원형 궤도로
운행한다는 케플러의 이론도 완전히 입증된 것이 아니라 가설의 성격을 갖고 있
다. 우리는 모든 행성들을 관찰하기도 어려우며, 그 행성들이 항상 타원형 궤도로
운동하는지, 미래에도 계속 그러한 운동을 할지도 관찰할 수 없다. 비록 지금까지
발견된 모든 행성이 그러한 운동을 한다는 것이 관찰되었다고 할지라도 새로 발
견될 행성이 그러한 운동을 할지는 알 수 없다. 그리고 만약 그러한 운동을 하지
않는 행성이 하나라도 발견된다면 케플러의 이론은 오류가 되기 때문에 폐기해
야 한다. 따라서 케플러의 과학 이론은 완전히 입증된 것이 아니라 일종의 추측이
자 가설이다. 가설로서 과학 이론이 제안되면 이에 대한 반박 시도가 이루어지며
그러한 반박에서 살아남는 이론은 좋은 이론이 된다. 그렇다고 그 이론이 절대적
참인 것은 아니다. 언제든지 반박 사례가 발견될 수도 있기 때문이다.

음과 같이 자랑스럽게 말한다.

> 만약 단지 특정한 발견 하나가 인류 전체에게 어떤 이익을 확
> 실하게 가져다주어서 사람들을 그렇게 감동시킨다면, 모든
> 다른 발견들을 가능하도록 만드는 어떤 것을 발견하는 것은
> 얼마나 더 고귀하겠는가?(1권 129장)

앞에서도 언급했듯이 베이컨은 인류의 3대 발명품으로 인

쇄술, 화약, 나침반을 든다. 그런데 베이컨은 이러한 개별적 발명이나 발견이 인류 발전에 크게 기여한 것이 사실이지만 자신이 발견한 것은 이보다 더 크게 기여할 것이라고 주장한다. 그렇다면 여기서 베이컨 자신이 발견한 것은 무엇일까? 물론 그것은 '귀납법'이다. 귀납법은 다른 많은 발명이나 발견 중의 하나가 아니라 그것들을 뛰어넘는 아주 소중한 가치를 지닌다는 것이다. 귀납법은 '발견의 방법'이기 때문이다. 귀납법은 다른 발견이나 발명을 가능하게 해주는 방법이자 수단이다. 이러한 귀납법을 적극적으로 사용한다면 다른 많은 것들을 발명하거나 발견하는 데 큰 도움을 받을 수 있다.

귀납법의 적용: 열의 본성에 대한 탐구

이제 귀납법을 구체적으로 적용하는 것에 대해 살펴보자. 베이컨은 『신기관』 제1권에서 새로운 탐구 방법으로 귀납법을 제안했는데, 제2권에서는 이러한 귀납법을 구체적 사례에 적용한다. 베이컨은 아주 다양한 사례를 통해 귀납법을 적용할 때 유의할 점을 자세하게 설명한다.

그렇지만 그 당시는 아직 자연과학이 본격적으로 발전하지 않은 시기였기 때문에 베이컨이 제시하는 여러 내용이나 개념은 부정확하거나 낯선 것이 많다. 특히 베이컨은 '열'의 본성이나 성질에 대해 탐구하는 과정을 아주 자세하게 설명하는데, 그 당시에는 '열'이나 '에너지'에 대한 과학적 탐구가 충분하게 이루어지지 않아서 열에 대한 베이컨의 설명이 부정확하거나 엉성한 부분도 많다. 따라서 구체적 사례를 분석하는 제2권은 일반론을 다루는 제1권에 비해 학문적 가치가 낮은 편이다. 이런 점을 고려해 여기서는 제2권에서 중요한 내용만을 몇 가지 간추려 소개하겠다.

여기서 한 가지 유의할 점이 있다. 비록 베이컨이 제시한 구체적 사례가 문제점을 안고 있다고 할지라도, 그가 주장한 귀납법 및 관찰과 실험 정신의 가치가 훼손되는 것은 아니다. 베이컨이 스스로 예언했듯이 자연에 대한 탐구 방법으로서 귀납법 및 관찰과 실험 정신은 근대 과학과 기술의 발전에 크게 기여했다.

원리나 공리의 추론 방식을 제시하다

베이컨은 귀납법을 적용해 자연으로부터 공리나 원리를 추론하기 위해서는 구체적으로 다음과 같은 순서를 따라야 한다고 말한다.

런던 왕립협회 창설에 기여한 베이컨(왼쪽)과 베이컨의 자연 실험과 관련된 책자.

자연을 해석하기 위한 방침은 두 가지로 구분된다. 하나는 경
험으로부터 공리를 이끌어내거나 고안해내는 것이며, 다른
하나는 공리로부터 새로운 실험을 이끌어내거나 도출하는 것
이다. 앞의 것은 다시 세 가지로, 즉 감각을 위한 준비, 기억을
위한 준비, 정신이나 이성을 위한 준비로 구분된다. 우선 자연
적·실험적 사례들이 충분하면서 적합하게 수집되어야 한다.
이것은 이 일에서 토대가 된다. 왜냐하면 자연이 어떻게 행동

하고 어떻게 움직이는지를 상상하거나 추측해서는 안 되며 단지 발견해야 하기 때문이다. 그러나 이러한 자연적·실험적 사례들은 매우 다양하고 산만하기 때문에 적절한 순서로 정돈해 제시하지 않으면 지성을 혼란스럽고 미혹하게 만든다. 따라서 (둘째로) 이러한 문제를 해결하기 위해서는 사례표나 정리표를 만들어야 한다. 지성이 사례들을 제대로 다루기 위해서는 그러한 방식이나 순서로 사례들을 모아야 한다. 그렇지만 그러한 사례표가 만들어졌다 하더라도 자유롭게 마음대로 움직이는 지성은 안내나 지도를 받지 않고서는 공리를 적절하게 만들어내지 못한다. 따라서 셋째로 우리는 올바른 참된 귀납법을 채택해야 하는데, 이것이 바로 자연 해석의 열쇠가 된다.(2권 10장)

베이컨은 자연을 해석해 원리나 공리를 이끌어내기 위해서는 다음과 같은 단계를 밟아야 한다고 말한다.

⑴ 감각적 경험을 활용해 자연적 사례나 실험적 사례를 충분히 수집한다.

⑵ 이렇게 수집된 다양한 사례들을 체계적으로 정리해 사례표나 정리표를 만든다.

⑶ 적절한 제거나 배제 등의 방법을 사용하는 참된 귀납

추론을 통해 원리나 공리를 도출한다.

　베이컨은 이러한 세 가지 단계 중에서 둘째 단계와 관련해 사례표나 정리표를 어떻게 만드는지를 '열의 본성'에 대한 탐구를 예로 들면서 구체적으로 설명한다. 사례표에는 '존재표', '부재표', '정도표'가 있는데 그것들이 무엇인지 살펴보자.

열의 존재표를 만들다

　베이컨은 '존재표(table of existence)'를 만드는 것에 대해 다음과 같이 설명한다.

> 우선 비록 매우 다른 물질이라고 할지라도 동일한 본성을 지니는 모든 사례들을 모아서 지성 앞에 제시해야 한다.(2권 11장)

　서로 다른 물질로 구성된 것들이라고 할지라도 만약 같은 성질을 지닌다면 그러한 사례들을 모두 모아야 한다는 것이다. 즉 같은 성질을 지닌 '긍정적 사례'를 모으는 것이다. 이렇게 같은 성질을 지닌 사례들을 모아서 정리한 것을 '존재표'라고 한다.

우리가 '열의 본성'을 탐구하려면 우선 열의 본성에 일치하는 모든 사례들을 모아서 '열의 존재표'를 만들어야 한다. 열의 존재표와 관련해 베이컨은 모두 스물일곱 가지 사례를 제시하는데 그중에서 몇 가지를 소개하면 다음과 같다.

열의 존재표 ― 열의 본성에 일치하는 사례들

① 햇빛, 특히 여름과 정오의 햇빛

② 반사되어 집중된 햇빛, 예를 들어 산골짜기나 벽, 특히 돋보기에서

③ 불꽃을 내는 유성(별똥별)

④ 불타는 번개

⑤ 산의 분화구에서 나오는 불꽃의 폭발

⑥ 모든 불꽃

⑦ 불이 붙은 고체

⑧ 천연 온천

열의 부재표를 만들다

다음으로 베이컨은 '부재표(table of absence)'를 만드는 것에

대해 다음과 같이 설명한다.

> 어떤 본성을 갖고 있지 않은 사례들을 모아서 지성 앞에 제시
> 해야 한다.(2권 12장)

이것은 어떤 본성을 갖고 있지 않은 사례들을 모아서 정리
하는 것이다. 즉 어떤 성질을 지니고 있지 않은 '부정적 사례'
를 모으는 것이다. 이것을 '부재표'라고 한다.

그런데 어떤 성질을 결여하고 있는 사례들은 너무 많기 때
문에 이 작업은 끝이 없으며 또한 어떤 본성을 밝히는 데도 별
로 도움이 되지 않는다. 따라서 긍정적 사례와 비슷하지만 실
제로는 그렇지 않은 부정적 사례들을 모아야 의미가 있다. 다
시 말해 어떤 본성을 지닌 물체와 밀접한 연관이 있지만 그러
한 본성을 결여하고 있는 사례들을 찾아야 한다. 베이컨은 특
히 이러한 사례들을 모아서 정리한 것을 '일탈이나 부재의 근
접 사례표'라고 부른다.

우리가 열의 본성에 대해 탐구할 경우에는, 열을 갖고 있는
것처럼 보이지만 실제로는 열을 갖고 있지 않은 사례들을 모
아서 정리해야 한다. 이것을 '열의 부재표'라고 한다. 이와 관
련해 베이컨은 모두 서른두 가지 사례를 제시하는데 그중에서

몇 가지를 소개하면 다음과 같다. 이 사례는 베이컨이 앞에서 언급한 '열의 존재표' 각각의 사례에 대응하는 부정적 사례로서 제시한 것들이다.

열의 부재표 — 열의 본성이 결여된 근접 사례들

① 달, 별, 혜성의 빛은 촉감으로 따뜻함을 느낄 수 없다.

② 산꼭대기나 극지방, 볼록렌즈의 경우에는 열이 없다.

③ 별똥별은 불덩어리가 아니라 단순한 발광 물체로 알려져 있다.

④ 빛을 내기는 하지만 불타지 않는 섬광이 있다.

⑤ 분화구에서 나오는 불꽃 중에서 열이 없는 사례는 아직 발견되지 않았다(부정적 사례를 아직 발견하지 못함).

⑥ 불꽃 중에서 열이 없는 사례는 아직 발견되지 않았다(부정적 사례를 아직 발견하지 못함).

⑦ 불이 붙은 고체 중에서 열이 없는 사례는 아직 발견되지 않았다(부정적 사례를 아직 발견하지 못함).

⑧ 온천 중에서 열이 없는 사례는 아직 발견되지 않았다(부정적 사례를 아직 발견하지 못함).

열의 정도표를 만들다

베이컨은 '정도표(table of degrees)'에 대해 다음과 같이 설명한다.

> 탐구하고 있는 본성이 서로 다른 정도로 존재하는 사례들을
> 모아서 지성 앞에 제시해야 한다.(2권 13장)

이것은 어떤 본성을 갖고 있는 정도가 서로 차이가 나는 사례들을 모아서 비교하는 것으로, 이것을 '정도표' 또는 '비교표'라고 한다.

만약 '열의 본성'에 대해 탐구한다면 열을 쉽게 느낄 수는 없지만 잠재적으로 열을 갖고 있는 것처럼 보이는 사례들을 모아서 실제로 열이 어느 정도 있는지 그 강도를 조사해봐야 한다. 이것을 '열의 정도표' 또는 '열의 비교표'라고 한다. 이와 관련해 베이컨은 모두 마흔한 가지 사례를 드는데 그중에서 몇 가지를 소개하면 다음과 같다.

열의 정도표 ― 열의 정도 및 비교 사례들

① 돌, 금속, 유황, 나무와 같은 단단한 물체는 원래부터 따뜻

함을 갖지는 않는다.

② 그러나 유황, 석유 등은 잠재적 열이나 인화성을 가진다.

③ 말똥이나 석회처럼 한때 열을 받았던 물체들은 잠재적으로 남은 열을 가진다.

④ 열을 지니는 식물은 발견되지 않았다.

⑤ 땅을 기름지게 하는 똥이나 바닷모래 등은 뜨거워지려는 성향을 가진다.

⑥ 모든 부패물은 촉감으로 느낄 수 없을 정도로 아주 적은 양의 열을 가진다.

⑦ 동물의 열은 정도의 차이가 커서 뜨거운 것과 그렇지 않은 것이 있다.

⑧ 태양으로부터 가까울 때, 그리고 햇빛이 수직일 때 더 많은 열을 받는다.

열의 본성 배제표를 만들다

앞에서 설명한 존재표, 부재표, 정도표는 어떤 본성과 관련된 사례들을 정리해 제시한 것이다. 이제 이러한 세 가지 사례표 또는 정리표를 바탕으로 어떤 본성을 이끌어내기 위한 귀납 추론을 해야 한다. 열의 본성을 탐구할 경우에는 이러한 세 가지 사례표를 바탕으로 열의 본성을 추론하게 된다. 이 과정에서 먼저 해야 할 것이 '열의 본성 배제표'를 만드는 것이다.

> 사례표들을 바탕으로 열의 형상에 속하지 않는 본성을 배제하거나 제거해야 한다.(2권 18장)

처음에는 열의 본성이라고 생각했지만 이러한 사례표에 대한 검토를 통해 사실은 열의 본성에 속하지 않은 것으로 밝혀진 성질들을 정리해야 하는데, 이것이 바로 '열의 본성 배제표'이다. 베이컨은 모두 열네 가지를 언급하는데 그중에서 몇 가지를 소개하면 다음과 같다.

열의 본성 배제표(제거표) — 열의 본성에 속하지 않는 성질들
① 뜨거운 쇠는 다른 물체를 뜨겁게 만들지만 자신의 중량은 감소하지 않기 때문에 열의 본성에서 뜨거운 물체가 자신의 실체를 나누어준다는 성질을 제거하라.
② 끓는 물이나 공기를 고려해 열의 본성에서 밝음이라는 성질을 제거하라.
③ 불타는 쇠는 열은 많지만 빛은 적고, 불타는 알코올은 빛

은 많지만 열은 적다는 점을 고려해 열의 본성에서 밝음이
라는 성질을 제거하라.

④ 가장 밀도가 높은 금이 불타는 점 등을 고려해 열의 본성
에서 희박성, 즉 밀도가 아주 낮다는 성질을 제거하라.

열의 본성을 이끌어내다

앞에서는 열의 존재표, 부재표, 정도표를 바탕으로 열의 본
성에서 제거되어야 할 성질들을 연구해 열의 배제표를 만들었
다. 이제 우리의 탐구 목표인 열의 본성에는 어떤 성질들이 있
는지 알아보아야 한다. 베이컨은 열의 형상, 즉 본성을 탐구할
때 다음에 유의해야 한다고 강조한다.

> 어떤 사물의 형상은 그 사물 자체가 속한 모든 사례들에 존재
> 해야 한다.(2권 20장)

어떤 것을 그 사물의 형상, 즉 본성이라고 한다면, 그 본성
은 그러한 종류의 모든 사물들 속에 존재해야 한다는 것이다.
예를 들면 어떤 것을 열의 본성이라고 한다면 그러한 본성은

모든 열 속에 존재해야 한다는 것이다. 베이컨은 열에 대한 탐구를 통해 열의 본성에 대해 얻은 최초의 연구 성과는 다음과 같다고 말한다.

> 각각의 모든 사례들을 통해 볼 때 열의 특수한 본성은 운동이다. 이러한 운동은 불꽃에서 가장 명백하게 나타나는데 이것은 항상 운동하고 있으며, 또한 끓는 액체도 항상 운동하고 있다.(2권 20장)

베이컨은 열과 관련된 여러 사례들을 수집해 체계적으로 탐구한 결과 열의 본성은 '운동'이라고 말한다. 불꽃이나 끓는 액체 등을 볼 때 열은 운동하는 성질을 지닌다는 것이다. 그래서 베이컨은 이것을 '열의 본성에 대한 최초의 연구 성과'라고 말한다. 이것을 최초의 연구 성과라고 부르는 이유는 앞으로 탐구를 계속해 열에 대한 새로운 연구 성과가 나올 수 있다고 보기 때문이다. 베이컨은 열의 본성을 '운동'이라고 하면서 이러한 '열의 운동'이 지니는 특징 네 가지를 언급한다. 열의 운동은 다른 사물들의 운동과는 몇 가지 차이점이 있다는 것이다.

첫 번째 차이점은 다음과 같다. 열은 팽창 운동을 하며, 이것을 통해 물체는 자신을 확대하려고 한다. 그래서 그 물체는 이전에 차지했던 것보다 더 큰 공간이나 부피를 갖게 된다. (⋯) 두 번째 차이점은 첫 번째 차이점을 수정한 것이다. 열은 주변(즉 바깥)을 향해 팽창하는 운동이며 동시에 그 물체가 위를 향하는 상승 운동이다. (⋯) 세 번째 차이점은 다음과 같다. 열은 전체가 단일하게 팽창하는 운동이 아니라, 물체의 더 작은 부분들의 팽창 운동이다. 동시에 이것은 강제와 축출, 격퇴의 운동이며, 따라서 그 물체는 진동 운동을 하게 된다. (⋯) 네 번째 차이점은 세 번째 차이점을 수정한 것이다. 그러한 강제 또는 공격 운동은 결코 완만한 것이 아니라 매우 빠른 운동이다. 또한 이 운동은 작은 부분들에서 발생하는데, 그 작은 부분은 너무 작은 것이 아니라 약간의 크기를 지닌 것이다.(2권 20장)

여기서 볼 수 있듯이 열의 본성은 운동인데, 이것은 다음과 같은 특징을 지닌다.

(1) 열의 운동은 더 많은 공간이나 부피를 차지하려는 '팽창 운동'이다.

현대의 열역학

현대 과학에서는 '열'에 대해 어떻게 설명할까? 열이란 에너지의 흐름 또는 운동을 가리키는데, 에너지는 높은 운동 상태에서 낮은 운동 상태로 이동하면서 평균적 운동 상태로 나아가려고 한다. 예를 들어 뜨거운 쇠에서 차가운 쇠로 열이 이동하면서 이 둘은 서로 비슷한 온도가 된다. 열은 입자들 사이의 충돌 운동으로 팽창하려는 성질을 지니고 있고, 기체의 경우에는 상승하려는 성질도 있다. 루돌프 클라우지우스(Rudolf Clausius)는 열이나 에너지에 대해 탐구하는 열역학과 관련해 두 가지 법칙을 발견했다. 열역학 제1법칙은 '에너지 보존의 법칙'으로 에너지의 형태는 서로 전환되지만 에너지의 총량은 항상 일정하다는 것이다. 열역학 제2법칙은 '엔트로피 증가의 법칙'으로 엔트로피가 항상 증가하는 방향으로 운동이 일어난다는 것이다. 이때 엔트로피란 사용 불가능한 에너지를 가리킨다. 사용 가능한 에너지는 사용 불가능한 에너지 형태로 바뀌며, 높은 에너지는 낮은 에너지 방향으로 운동을 한다.

⑵ 열의 운동은 위로 올라가려는 '상승 운동'이다.

⑶ 열의 운동은 물체를 구성하는 작은 부분들이 서로 강제적으로 밀어내는 '충돌 운동'이다.

⑷ 열의 운동은 작은 구성 부분들이 서로 빠르게 충돌하는 '급속 운동'이다.

이처럼 베이컨은 열의 본성을 특정한 운동을 하는 것으로 규정한다. '열'이란 사방으로 팽창하되 특히 위로 상승하는 운동, 작은 구성 부분들 사이의 급속한 충돌 운동이라는 것이다.

이처럼 베이컨은 실험과 관찰을 통해 얻은 수많은 경험적 사례들을 존재표, 부재표, 정도표 등을 사용해 체계적으로 수집하고 정리한 다음에, 이를 바탕으로 열의 본성에서 제거해야 할 배제표를 만들고, 나아가 이러한 내용들을 바탕으로 귀납 추론을 통해 열의 본성을 이끌어낸다. 이러한 열의 본성에 대한 규정은 열의 운동 법칙을 설명한 것으로, 열의 원리 또는 공리라고 할 수 있다. 베이컨은 귀납법을 열의 본성을 탐구하는 과정에 적용해 구체적인 경험적 사례들로부터 일반적 원리나 공리가 어떻게 도출되는지를 보여준다.

귀납법도 완전한 것은 아니다

베이컨은 자신이 고안한 귀납법이 자연 탐구의 방법으로서 완벽하다고 생각하지는 않았다. 그래서 『신기관』 제1권 끝 부분에서 이러한 탐구 방법이 앞으로 점차 더 좋은 방향으로 개선되기를 바란다고 말했다.

이제 내가 자연을 해석하는 기술에 대해 해명할 때가 되었다. 나는 귀납법이 가장 유용하며 올바른 지침을 제공한다고 스

런던에 있는 프랜시스 베이컨의 동상.

스로 믿고 있지만, 이것이 (마치 이것 없이는 아무것도 이루어질 수 없는 것처럼) 절대적으로 필요하다거나 완전하다고 주장하지는 않는다. (…) 나는 이러한 지침에 첨가할 것이 없다고 확신하지 않는다. 오히려 그와 반대로 정신을 그 자체의 선천적 능력의 측면에서 그리고 사물들과의 관계의 측면에서 고려하는 나는 다음 주장을 믿지 않을 수 없다. 발견의 기술은 새로운 발견이 증가하는 것과 더불어 성숙해질 것이다.(1권 130장)

베이컨은 귀납법이 주축이 된 새로운 논리학을 자연에 대한 해석의 방법으로 제안했는데, 이것이 절대적으로 필요하다거나 완전하다고 주장하지 않았다. 이러한 탐구의 방법은 불완전할 수도 있기 때문에 새로운 발견의 성과물이 나오면 새롭게 보완되거나 개선될 수 있다는 것이다. 이처럼 베이컨은 독단적이거나 아집에 사로잡힌 태도가 아니라 항상 비판에 열린 진지한 탐구 태도를 가졌다.

지금까지 원전을 최대한 살리면서도 가급적 쉽게 설명하려고 했는데 베이컨의 사상이 제대로 전달되었는지 궁금하다. 2장에서는 주로 베이컨의 사상을 소개하는 데 초점을 맞추었는데 앞으로 기회가 된다면 베이컨의 실용적 학문관, 정복적 자연관, 관찰과 실험에 기초한 귀납적 탐구 방법 등이 어떤 한계나 문제점을 지녔는지도 더불어 생각해보는 것이 좋겠다. 이와 관련해 문제 제기의 실마리는 이미 1장에서 언급했기 때문에 이를 다시 살펴본다면 도움이 될 것이다.

3장

철학의 이정표

『새로운 아틀란티스』
프랜시스 베이컨, 에코리브르, 2002

이상 사회는 풍요로운 과학기술의 왕국이다

베이컨이 지향한 이상 사회의 모습을 보여주는 저작이다.
모어의『유토피아』, 캄파넬라의『태양의 나라』와 비슷하게 이
저작도 어떤 선원이 대양을 항해하는 도중에 표류하다가 우연
히 새로운 아틀란티스 섬을 발견하는 방식으로 서술되어 있다.
이 책에는 과학기술이 발전하고 생산성이 고도화된 풍요의 왕
국이 유토피아로 제시되는데 여기에는 베이컨의 근대 기획이
반영되어 있다. 베이컨은 과학기술을 중시하는 실용적 학문관,
과학기술에 대한 낙관론, 자연 지배적 자연관, 물질적 풍요를
추구하는 이상 사회론 등을 바탕으로 새로운 유토피아를 모색
했다.

베이컨은 높은 수준의 과학기술을 활용해 인간의 물질적

욕구를 최대한으로 충족시키는 사회를 이상 사회로 간주한다. 그는 실용적 학문이 인류의 행복과 복지를 증진시킬 수 있다고 보았기 때문에 학문을 혁신해 과학기술을 발전시키는 일에 커다란 관심을 기울인다. 그래서 그는 과학기술 개발을 담당하는 '솔로몬 학술원'을 중시해 이에 대해 자세하게 설명한다. 하지만 유토피아 사상에서 중요한 요소인 사회제도나 구조에 대해서는 별로 언급하지 않는다.

솔로몬 학술원은 일종의 대학으로 자연에 대해 전문적 연구하는 기관이다. 학술원은 자연의 숨겨진 법칙을 발견하고 이를 활용해 자연을 통제하고 지배함으로써 인류의 행복과 복지를 증진하는 것을 목표로 삼는다. 거기서는 다양한 과학적 실험이 이루어지며, 새로운 과학적 발견과 발명을 한 사람들은 사회적으로 존경받는다. 지하 동굴, 높은 탑, 호수, 연못 등 다양한 곳에서 실험과 관찰이 이루어진다. 예를 들어 해수를 담수로 바꾸고, 인공 눈과 비를 만들며, 식물 성장 촉진을 위해 배양토를 만들고, 식물을 접목해 품종을 개량하기도 한다. 또한 동물 해부, 동물 교배, 동물 복제 실험도 이루어진다.

『책임의 원칙』
한스 요나스, 서광사, 1994

베이컨의 근대 기획은 실패했다

현대사회에서 과학기술이 지닌 위험을 비판하면서 새로운 책임 윤리의 필요성을 주장하는 저작이다. 요나스(Hans Jonas)는 과학기술의 발전을 통해 자연을 통제하고 지배해 인류의 행복을 증진하려던 베이컨의 기획은 실패했다고 본다. 그는 과학기술이 자본주의와 결합함으로써 여러 문제점을 발생시킨다고 주장한다. 자본주의 사회는 경제적 이윤을 극대화하기 위해 과학기술을 이용해 대량 생산과 대량 소비를 조장하며, 이로 인해 자원 고갈이나 자연 파괴와 같은 심각한 생태학적 위기가 발생한다고 설명한다. 또한 과학기술을 악용해 핵무기와 같은 대량 살상용 무기를 개발함으로써 인류 전체가 파멸의 위기에 처하게 되었다는 것이다. 따라서 베이컨의 기획은 원래의 목적을 달성하지 못하고 오히려 인류를 위기의 구렁텅이로 빠뜨렸기 때문에 실패했다는 것이다.

그는 과학기술이 엄청난 힘을 발휘하는 현대사회에서는 과학기술의 부작용에 대응하기 위한 새로운 윤리가 요구된다고 주장한다. 희망이나 낙관보다는 공포나 불행을 우선 고려하는 태도가 절실히 필요하다고 말한다. 과학기술에 대한 막연한 낙관론적 희망이 아니라 과학기술이 미래에 가져올 위험과 공포를 먼저 생각해야 한다는 것이다. 그는 이것을 '공포의 발견법'이라고 부른다. 그리고 이러한 위험과 공포를 저지하기 위해 책임 의식을 바탕으로 적극적으로 행동에 나서야 한다고 주장한다.

요나스는 과학기술 시대에 적합한 새로운 윤리로 공포를 바탕으로 한 '책임 윤리'를 제시한다. 이것은 현대의 과학기술이 모든 것에 큰 영향을 주고 있음을 고려해 윤리적 책임의 범위를 우리 세대뿐만 아니라 미래 세대까지, 인간뿐만 아니라 자연을 포함한 지구 전체까지 확대하려는 것이다. 이것은 서로에게 책임과 의무를 지우는 전통적인 호혜적 윤리를 넘어 미래 세대나 자연에 대해서도 우리 인간이 무조건적이고 일방적인 책임을 지는 비호혜적 윤리다.

『인간 지성론(오성론)』
존 로크, 동서문화사, 2011

지식은 감각적 경험을 통해 얻을 수 있다

인식에서 감각적 경험의 역할을 중시하는 근대 경험론을 대표하는 저작이다. 이 책에서 로크(John Lock)는 인식론의 주요 주제인 인간 지식의 기원, 범위, 확실성 등에 대해 다룬다. 인간의 지식이 감각적 경험을 통해 형성된다는 그의 견해는 베이컨, 로크, 버클리, 흄으로 이어지는 영국 경험론의 이론적 토대가 된다.

로크는 우리의 정신에는 선천적인 지식은 없으며 우리는 경험에 의해서만 세상에 대한 지식을 얻을 수 있다고 주장한다. 데카르트는 이성론의 입장에서 인간에게는 본유 관념, 즉 우리가 태어나면서부터 갖게 되는 타고난 관념이 있다고 보았다. 예를 들어 '두 점 사이의 최단 거리는 직선이다'와 같은 수학의 공리는 선험적 지식, 즉 경험과는 상관없이 알 수 있는 지식이라는 것이다. 로크는 이러한 데카르트의 견해에 반대하면서 우리는 어떠한 본유 관념도 갖고 있지 않으며 모든 관념이나 지식을 후천적인 경험을 통해 얻게 된다고 주장한다. 수학의 공리와 같은 지식도 구체적 경험을 바탕으로 추상을 통해 만들어졌다는 것이다. 인간의 마음은 원래 아무것도 쓰여 있지 않은 백지와 같다고 하면서 '백지론'을 주장한 것이다.

로크는 감각적 경험을 통해 얻은 지식을 두 가지로 구분한다. 크기, 무게, 수량 등 사물의 제1 성질에 대한 관념과 색깔, 냄새 등 제2 성질에 대한 관념이 있다. 그런데 제1 성질은 사물 속에 존재하는 것으로 이에 대한 관념은 객관적이지만, 제2 성질은 사물 속에 존재하지 않는 것으로 이에 대한 관념은 주관적이다. 이렇게 감각적 경험을 통해 수동적으로 얻은 관념을 단순 관념이라고 부르며, 반면에 우리의 지성이 이러한 단순 관념들을 능동적으로 결합해 만든 관념을 복합 관념이라 부른다. 예를 들어 작은 알갱이, 흰색, 단맛 등은 단순 관념이며, 이 것들이 결합해 생긴 설탕은 복합 관념이다.

『논리 철학 논고』
루트비히 비트겐슈타인, 책세상, 2020

말할 수 없는 것에 대해서는 침묵해야 한다

전통적 과학관의 이론적 토대가 되는 논리실증주의에 커다란 영향을 준 저작이다. 이 책에서 비트겐슈타인(Ludwig Wittgenstein)은 '의미 있는 명제'와 '의미 없는 명제'를 구분하면서 학문적으로 의미 있는 명제가 되기 위해서는 경험 가능한 대상에 대해 다루어야 한다고 주장한다. 과학적 지식이 되기 위해서는 관찰이나 경험이 중요하다는 것이다. 그는 철학의 핵심 과제가 언어를 분석하는 것이라고 본다. 철학은 자연을 직접적으로 탐구하는 것이 아니라 자연과학에서 사용하는 언어를 엄밀하게 분석해 그 의미를 밝히는 데 주력해야 한다는 것이다. 이러한 그의 입장은 20세기 분석 철학의 전통에도 크게 기여했다.

비트겐슈타인은 참, 거짓을 논할 수 있는 '의미 있는 명제'가 되기 위해서는 어떤 명제가 경험 가능한 대상에 대해 언급해야 한다고 주장한다. 만약 어떤 명제가 경험 불가능한 대상에 대해 언급한다면 그것은 '의미 없는 명제'가 되며 이에 대해서는 참, 거짓을 논할 수가 없다. 반면에 실제로 존재하는 경험 세계에 대해 언급하는 명제나 지식은 의미 있는 명제가 된다. 이에 따르면 신, 영혼, 윤리적 가치 등은 경험 세계에 속하지 않기 때문에, 즉 관찰을 통해 경험할 수 있는 대상이 아니기 때문에 이것에 대해 언급하는 명제나 지식은 무의미한 것이 된다. 그는 형이상학, 윤리학 등에서 볼 수 있는 기존의 많은 철학적 질문들과 이에 대한 답변들이 경험 불가능한 대상을 다루고 있어 참, 거짓을 따질 수 없기에 무의미하다고 본다.

그는 이 책에서 다루는 내용도 경험 가능한 세계가 아니라 언어와 세계의 논리적 관계이기 때문에 무의미한 것이라고 본다. 그래서 지붕 위에 올라간 사람이 사다리를 치우듯이 자신의 책을 통해 언어와 세계의 관계를 이해한 사람은 이 책을 버려야 한다고 말한다. 이처럼 그는 과학적 지식이 되기 위한 조건으로 경험 가능성을 중시하면서 경험할 수 없는 대상에 대해 논하는 것은 쓸데없다고 본다. 그래서 "말할 수 없는 것에 대해서는 침묵해야 한다"고 말한다.

『과학적 발견의 논리』
칼 포퍼, 고려원, 1994

귀납주의가 아니라 가설 연역적 방식이다

　전통적 과학관을 비판하면서 반증주의 또는 가설주의를 내세우는 포퍼(Karl Popper)의 대표적 과학 철학 저작이다. 여기서 그는 과학적 이론의 발견과 관련해 베이컨의 귀납주의를 비판하고 그 대신에 가설 연역적 방식을 주장한다. 그는 과학 이론은 하나의 가설이자 추측이기에 절대적 참은 아니므로 과학 이론을 절대적으로 신뢰하는 과학주의는 잘못되었다고 본다.

　포퍼는 과학자가 과학 이론을 발견하는 과정에서 활용하는 탐구 방식은 귀납주의가 아니라고 말한다. 그에 따르면 진정한 과학자는 증명된 경험적 사실들을 많이 수집한 후에 이로부터 과학 이론이나 법칙을 도출하는 것이 아니라, 자신의 영감과 상상력을 발휘해 가설적 이론을 제안하는 것이다. 과학자 공동체는 가장 이상적인 열린 사회이며 그 사회에서는 모든 사람이 아이디어와 가설을 제안하고 서로를 비판할 수 있다. 어떤 가설이 제안되면 그것을 반박하기 위한 다양한 시도가 이루어진다.

포퍼는 과학 이론이 절대적 참으로 증명될 수는 없지만 반증될 수는 있다고 주장한다. 그에 따르면 과학에서 중요한 것은 귀납 추론을 하기 위해 경험적 사실을 모으는 것이 아니라 가설적 이론을 반증할 수 있는 반대 증거나 사례를 찾는 것이다. 과학의 역사는 추측과 이에 대한 반박의 과정이다. 어떤 이론이 반박 시도에서 반증되지 않고 살아남는다면 좋은 이론이 된다. 만약 어떤 이론이 수많은 반박 시도를 겪고 그러한 반박 과정에서도 살아남는다면 더 좋은 이론이 된다. 그렇다고 그 이론이 절대적 진리가 되는 것은 아니다. 반면에 어떤 이론이 거짓으로 밝혀진다면 그 이론은 폐기되고 그 대신에 다른 추측이나 가설이 새로운 이론으로 제시된다. 인간의 이성적 능력은 불완전하기 때문에 우리는 진리에 가까이 갈 수는 있지만 그렇다고 절대적 진리에 도달하기는 어렵다는 것이다. 포퍼는 이렇게 추측과 반박, 시행착오라는 역동적 과정을 거치면서 가설로서 과학 이론이 형성된다고 본다.

여섯 번째 이정표

『과학혁명의 구조』
토머스 쿤, 까치, 2013

과학의 역사는 패러다임의 교체 과정이다

전통적 과학관을 비판하고 과학에 대한 새로운 관점으로 패러다임 이론을 주장한 저작이다. 논리실증주의에 기반을 둔 전통적 과학관은 과학 이론이 연속적으로 진보한다고 보았다. 그런데 쿤(Thomas Kuhn)은 과학의 역사에 대한 검토를 통해 과학 이론의 변화는 패러다임이 교체되는 단절적 과정이라고 본다. 패러다임은 세계를 보는 기본 틀이기 때문에 과학 이론이 변화하면 세계를 보는 기본 틀도 완전히 바뀌게 된다는 것이다.

전통적 과학관에 의하면 과학은 검증된 지식의 체계이다. 과학 이론은 관찰과 실험을 통해 얻어진 경험적 사실을 바탕으로 엄격한 방법을 통해 만들어지기에 과학은 연속적으로 발전한다. 즉 기존의 이론적 성과 위에 새로운 성과를 덧붙임으로써 과학은 발전한다는 것이다. 그러나 쿤은 패러다임 개념을 통해 이를 비판한다. 그에 따르면 과학 이론은 세계를 보는 기본 틀로서 특정한 패러다임을 갖는다. 예를 들어 천동설과 지동설은 천체의 운동을 설명하는 서로 다른 패러다임을 채택한다. 그런데 특정한 패러다임으로는 설명할 수 없는 여러 변칙 사례들이 발견되면 그 과학 이론은 위기에 처한다. 그렇다고 한두 가지 변칙 사례 때문에 그 과학 이론이 바로 폐기되는 것은 아니다. 천동설에 대한 반대 사례들이 쌓이고 쌓이다 여러 이유로 말미암아 천동설은 지동설로 대체된다.

쿤은 새로운 패러다임이 과학자들의 지지를 얻게 되면 낡은 과학 이론이 무너지고 새로운 과학 이론이 들어선다고 보면서 이것을 과학 혁명이라고 부른다. 패러다임이 교체되면 기존의 관점과는 완전히 다른 관점으로 세상을 본다. 그는 이러한 패러다임의 교체 과정은 합리적으로 설명하기 어려운 측면도 있다고 하면서 과학 이론의 변화가 단절적·혁명적으로 이루어진다고 주장한다. 이러한 쿤의 패러다임 이론은 이후에 자연과학뿐만 아니라 인문학이나 사회과학에도 커다란 영향을 준다.

생애 연보

1561년 1월 22일 런던에서 대법관인 니콜라스 베이컨의 막내아
들로 태어나다.

1574년 케임브리지 트리니티칼리지에 입학해 2년간 수학하다.

1576년 프랑스 주재 영국 대사의 수행원직을 맡아 프랑스에서
공부하다.

1579년 아버지의 죽음으로 영국으로 귀국하다.

1582년 변호사 자격을 취득하다.

1584년 국회의원이 되다. 후에 에식스 백작의 고문이 되다. 최초
의 정치적 논문인 「엘리자베스 여왕에게 바치는 진언서」
를 집필하다.

1601년 「로버트, 고(故) 에식스 백작의 반역 기도 및 실행 보고
서」를 작성하다.

1605년 『학문의 진보』를 간행하다.

1613년 법무부장관으로 취임하다.

1614년 『새로운 아틀란티스』 저술을 시작해 1617년에 완성하다.

1617년 국새 상서에 취임하다.

1618년 베룰람 남작의 작위를 받고 대법관에 임명되다.

1620년 『신기관』을 저술하다.

1621년 세인트 올번스 자작의 칭호를 받다. 뇌물 수수로 관직에서 물러나다.

1622년 『학문의 권위와 진보』를 저술하다.

1623년 『학문의 진보』를 라틴어로 발표하다.

1626년 4월 9일 독감으로 사망하다.

1627년 『새로운 아틀란티스』『숲과 숲』을 출간하다.

참고 문헌

• 베이컨의 저작

Francis Bacon, *Novum Organum*, translated and edited by P. Urbach and J. Gibson, Open Court, 1995.

프랜시스 베이컨, 『베이컨 수상록』, 권오석 옮김, 홍신문화사, 1990.

프랜시스 베이컨, 『새로운 아틀란티스』, 김종갑 옮김, 에코리브르, 2002.

프랜시스 베이컨, 『신기관』, 진석용 옮김, 한길사, 2001.

프랜시스 베이컨, 『학문의 진보』, 이종흡 옮김, 아카넷, 2002.

• 기타 참고 문헌

루트비히 비트겐슈타인, 『논리 철학 논고』, 이영철 옮김, 책세상, 2006.

아리스토텔레스, 『니코마코스 윤리학』, 이창우 등 옮김, 이제이북스, 2006.

앨런 차머스, 『현대의 과학철학』, 신일철 등 옮김, 서광사, 1985.

어빙 코피, 『논리학 입문』, 민찬홍 옮김, 이론과 실천, 1990.

오트프리트 회퍼, 『철학의 거장들 2: 베이컨에서 흄까지』, 김석수 등 옮김, 한길사, 2001.

제러미 리프킨, 『엔트로피』, 김명자 등 옮김, 동아출판사, 1991.

존 로지, 『과학철학의 역사』, 최종덕·정병훈 옮김, 동연, 1999.

존 로크, 『인간 지성론 1』, 정병훈 등 옮김, 한길사, 2015.

칼 포퍼, 『과학적 발견의 논리』, 박우석 옮김, 고려원, 1994.

토머스 쿤, 『과학 혁명의 구조』, 김명자 옮김, 두산동아, 1992.

플라톤, 『국가』, 박종현 옮김, 서광사, 1997.

한겨레신문사 문화부, 『20세기 사람들(상)』, 한겨레신문사, 1995.

한스 요나스, 『책임의 원칙』, 이진우 옮김, 서광사, 1994.

EBS [오늘 읽는 클래식]
베이컨의 신기관

1판 1쇄 발행 2021년 12월 30일

지은이 손철성

펴낸이 김명중
콘텐츠기획센터장 류재호 | 북&렉처프로젝트팀장 유규오
북매니저 박민주 | 북팀 박혜숙, 여운성, 장효순, 최재진
마케팅 김효정, 최은영
책임편집 표선아 | 디자인 정계수 | 일러스트 최광렬 | 인쇄 재능인쇄

펴낸곳 한국교육방송공사(EBS)
출판신고 2001년 1월 8일 제2017-000193호
주소 경기도 고양시 일산동구 한류월드로 281
대표전화 1588-1580 | 홈페이지 www.ebs.co.kr
이메일 ebs_books@ebs.co.kr

ISBN 978-89-547-6191-8 04100
      978-89-547-6188-8 (세트)